乘风归去的苏轼

少年诗词游

卢倩 —— 著

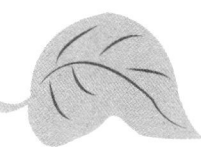

图书在版编目（CIP）数据

少年诗词游. 乘风归去的苏轼 / 卢倩著. -- 武汉：崇文书局，2024. 10. -- ISBN 978-7-5403-7839-4

Ⅰ. K820.2-49

中国国家版本馆 CIP 数据核字第 2024B279P3 号

选题策划：程　欣
责任编辑：程　欣　靳亚兰
责任校对：董　颖
责任印制：冯立慧

乘风归去的苏轼
CHENGFENG GUIQU DE SU SHI

出版发行：长江出版传媒　崇 文 书 局
地　　址：武汉市雄楚大街 268 号 C 座 11 层
电　　话：(027)87677133　邮政编码：430070
印　　刷：武汉市卓源印务有限公司
开　　本：880mm×1230mm　1/32
印　　张：5.5　插页：6
字　　数：95 千
版　　次：2024 年 10 月第 1 版
印　　次：2024 年 10 月第 1 次印刷
定　　价：39.80 元

（如发现印装质量问题，影响阅读，由本社负责调换）

本作品之出版权（含电子版权）、发行权、改编权、翻译权等著作权以及本作品装帧设计的著作权均受我国著作权法及有关国际版权公约保护。任何非经我社许可的仿制、改编、转载、印刷、销售、传播之行为，我社将追究其法律责任。

前言

在繁华富庶盛世的宋王朝，有一位横跨各个领域、博学多才的巨擘，用其曲折多舛的命运，成就了一首波澜壮阔的人生史诗。他，就是我们后人心目中豁达幽默、豪迈洒脱的一代文学大家——苏轼。

苏轼，字子瞻，号东坡居士，被后人称为"苏东坡"。

他出生于北宋最好的时代，同时也是一个党争激烈的时代。苏轼21岁进士及第，受到文坛盟主欧阳修的赞赏。三年后，再参加制科考试，入第三等，名噪京城。接下来的几十年，他先后在凤翔、杭州、密州、徐州、湖州、颍州、扬州等地任职，一心为民，造福百姓。因党争牵连，先后被贬黄州、惠州、儋州，最终卒于常州。人生匆匆，如梦一场，他有时愿乘风归去，有时又踏歌而行，浩然千里，潇洒不羁，正如他自己所说"也无风雨也无晴"。

苏轼个性豪迈，飘逸洒脱，才学绝世无双。他擅长诗文、书法、绘画，词作更是开创"豪放派"先河，写出了

无数脍炙人口的佳作，经久不衰。在散文成就上，他与欧阳修并称"欧苏"，且皆为"唐宋八大家"之一；在诗歌造诣上，他与黄庭坚并称"苏黄"；在词作风格上，他与辛弃疾并称"苏辛"；在书法高度上，他自创"苏体"，与黄庭坚、米芾、蔡襄合称"宋四家"；在绘画艺术上，他以文同为师，善画墨竹，为后世"文人画"的发展奠定了基础。

苏轼爱茶品茶，爱酒饮酒，与诗酒茶花为伴，与明月清风相携，他还是建筑师、农学家、佛教徒、美食家……他爱生活中一切的美好，也爱红尘中所有的恩赐，他以自己的才华和性情谱写着独属于自己的人生。

人有悲欢离合，月有阴晴圆缺，曾欲乘风归去，又恐高处不胜寒。在苏轼的作品中，我们感受到了他的才情、豪情和性情，哪怕穿越世间风雨，回溯北宋时光，与他同进退、共浮沉，苏轼仍是那个独一无二的他！

苏轼的一生，犹如绽放在夜幕下的烟花，纷繁美丽，多姿多彩。他留给后世的词作，既有豪放悲壮的赞咏，也有婉约深情的思念；既有诗酒年华的潇洒，也有困惑迷惘的感叹。他的人生，既是走遍北宋半个天下的壮丽画卷，也是心怀万民无惧风雨的亮丽风景。"乘风归去的苏轼"是他璀璨的人生诗篇，也是只属于他的旷世传奇！

目 录

第一章 初露锋芒（1037—1061）

"小天才"养成记　　　　　　2

那一段青葱岁月　　　　　　7

一"考"榜上有名　　　　　　12

再"考"轰动京城　　　　　　18

第二章 官场新人（1061—1074）

刚入职的"辛酸泪"　　　　　28

伤心事一件接一件　　　　　33

三年时间已变天？　　　　　38

与西湖结缘，谁懂？　　　　43

变法"后遗症",得治! 48

第三章 实干岁月(1074—1079)

斗天灾,战人祸 56

月亮代表我的心 61

抗洪救灾大英雄 66

可怕的"蝴蝶效应" 71

"乌台诗案"如噩梦 76

第四章 自我修行(1079—1086)

尝试与孤独相处 86

当个农夫也不错 91

泛舟赤壁逍遥游 96

又是一年"分别季" 101

谷底反弹冲上天 106

第五章　山雨欲来（1086—1094）

　　惹不起，还躲不起？　　　　　　116

　　好一个大忙人　　　　　　　　　121

　　退休前的风波　　　　　　　　　127

第六章　流放天涯（1094—1100）

　　无论何处，自带主角光环　　　　138

　　"爱操心"的老人家　　　　　　143

　　"桄榔庵"的流金岁月　　　　　149

第七章　乘风而去（1100—1101）

　　梦过了无痕，自归去　　　　　　162

第一章　初露锋芒

（1037—1061）

苏轼的童年，自由自在，快乐无比。他和弟弟苏辙相差两岁，二人从小朝夕相处，形影不离。那时候，苏家两兄弟和小伙伴们常一起玩耍，或绕着竹林捉迷藏，或爬到树上采橘子，或外出登山拾松果，大家乐此不疲，无忧无虑，玩得可开心啦！

"小天才"养成记

茫茫历史长河中,风云交替,人才辈出;悠悠宋词天空下,英才云集,群星璀璨。其中,有一个人注定生而不凡,与众不同。他,便是北宋文坛第一全才——苏轼!

北宋仁宗时期,国家繁荣昌盛,百姓安居乐业。在这么美好的时代,咱们的主人公——苏轼出生了。据传,在这孩子呱呱坠地的瞬间,附近彭老山的花草树木仿佛被他绽放的才华所震慑,一下子全枯萎了。

不过,传说归传说,事实上宋仁宗景祐三年十二月十九日(1037年1月8日)出生的小苏轼,根本没有什么主角光环,就是一个白白胖胖、普普通通的小婴儿。他和世上所有的新生儿一样,饿了就蹬着小脚丫哭闹,饱了就咧着小嘴咯咯笑,动不动就要人扶要人抱,然后……咿呀学语,蹒跚学步,慢慢地,一天天长大……

苏轼的家,在四川眉州的眉山小镇。

这里山清水秀,人杰地灵,美得就像一幅风景画,谁见谁喜欢。在当地，苏家算是比较富裕的中产家庭，有地有房有仆人，不愁吃来不愁穿。苏轼的爷爷苏序，乐善好施，不拘小节，豁达而幽默。这些淳朴率真的性格，一股脑儿隔代遗传到了宝贝孙子苏轼的身上，否则后人又怎么能看到那么可爱、那么有趣的苏东坡呢？

小苏轼天真活泼，聪明伶俐，给全家带来了欢乐，尤其是他的父亲苏洵，比任何人都高兴。因为在苏轼出生前，已有三个孩子早夭，苏洵伤透了心，只盼望苏轼能够健健康康，平平安安。

说起苏洵，也是北宋文坛一个传奇人物。他与父亲苏序、儿子苏轼，个性完全不同，脾气倔强，不苟言笑，总喜欢板着脸，看着凶巴巴的。但事实上，苏洵心中隐藏着一股豪情侠气，年轻时不爱读书，跟着一帮少年四处游荡，直到二十五岁才陡然觉醒，发愤图强。后来，他竟与两个儿子苏轼、苏辙，共同跻身"唐宋八大家"[1]，成就了一段文坛佳话。

苏轼的童年，自由自在，快乐无比。他和弟弟苏辙相差两岁，二人从小朝夕相处，形影不离。那时候，苏家两兄弟和小伙伴们常一起玩耍，或绕着竹林捉迷藏，或爬到树上采橘子，或外出登山拾松果，大家乐此不疲，无忧无

虑,玩得可开心啦!

八岁那年,苏轼进入私塾读书,像现在的孩子一样,正式开启小学生活。当时私塾里有一百多个学童,规模比较大,苏轼自幼聪慧,悟性极高,头脑敏锐又灵活,很快就脱颖而出,受到老师的称赞,成为众人眼中的"小天才"。

苏轼十岁左右,已经开笔做文章了,后因父亲出门远游,母亲将他从私塾接回家,亲自教导。苏轼的母亲程夫人,出身名门,是个温柔贤惠、知书识礼的大家闺秀。母亲很注重孩子的德育培养,希望苏轼长大后,能够明辨是非,正直坦荡,而苏轼谨遵母亲教诲,让浩然正气的种子植根于心底,不断发展,一生也没有让母亲失望。

一次,母亲程夫人教苏轼读《后汉书》中的《范滂传》,一边给儿子讲述东汉历史,一边慨然叹息起来。东汉末年,宦官专权,政风败坏,范滂本是朝廷大臣,清正廉洁,铁面无私,因不愿置身混乱的官场而辞官回家侍奉母亲。可树欲静而风不止,后来宦官大肆抓捕仁人志士,范滂就在其中。为了不连累亲人和朋友,范滂决定自首,又担心母亲悲伤过度,便与母亲诀别,坦露实情。范母深明大义,支持儿子的选择,并深深为儿子骄傲。于是,范滂再无后顾之忧，从容赴死，名垂青史。

苏轼读完《范滂传》，十分感动，认为世界上很需要范滂这样勇敢而正直的人。他抬头问母亲："儿若要做范滂，母亲会允许吗？"母亲程夫人毫不犹豫地回答："你能做范滂，难道我就不能做范滂的母亲吗？"正因为母亲支持苏轼舍生取义，他才会一生忠正仁爱，从未改变过这份初衷。

父亲苏洵游历结束后，回家接手两个儿子的学习工作，教导他们阅览经史典籍，创作诗词文赋。苏洵自己参加科考，多次名落孙山，已经放弃了，但见两个儿子聪颖过人，就对他们充满了期望。更何况，苏洵本就才华横溢，学识广博，在他的精心指导下，苏轼和弟弟苏辙的学业突飞猛进，越来越好，人见人夸，人见人赞。

随着年龄的增长，苏轼读书渐入佳境，记忆力也越来越强，父亲苏洵非常高兴。在苏轼十几岁的时候，应父亲的要求，写下一篇《夏侯太初论》，苏洵看后大喜，心里美滋滋的，当场就表扬了儿子。后来，苏轼又作《黠鼠赋》，再次用上了父亲最欣赏的两句话。

人能碎千金之璧，不能无失声于破釜，能搏猛虎，不

能无变色于蜂 fēngchài 虿，此不一之患也。

——《黠鼠赋》节选

有些人，能够在打破价值千金的宝玉时不动声色，却会在打破一口锅时失声尖叫；有些人，能够与猛虎搏斗，可见蜂蝎时不免变色，这就是不专一的后果。

瞧瞧！苏轼的文章充满悟性和想象力，字里行间又是那么朴实无华，充满理性思考，令人啧啧称奇，赞叹不已。风华正茂的苏轼，既有出色的天赋，又有求学的志向，还有双亲的教育，一定会成长为德智体全面发展的大宋好少年。

那一段青葱岁月

巴山蜀水，钟灵毓秀，自古以来人才辈出。西汉辞赋家司马相如、唐代浪漫诗仙李白、本书的主人公——豁达洒脱、欲乘风归去的苏轼，都出生于巴蜀之地，皆为历史上赫赫有名的大才子、大文豪。

童年时期，苏轼在四川眉山小镇，爬树捉鱼，开心玩耍，过得无忧无虑。少年时期，在父母的教导和陪伴下，他勤学苦读，德才兼修，越来越出类拔萃，人见人爱，典型的"别人家的孩子"。苏轼身边还有一个非常重要的人，那就是与他形影相伴的弟弟——苏辙。

苏辙，字子由，是苏家最小的儿子。哥哥苏轼个性张扬，才气焕发，如天上的太阳一般璀璨耀眼；弟弟苏辙恬静淡泊，沉稳机敏，似夜空的星辰一般清寂深远。兄弟二人从小一起长大，一起读书，一起玩耍，关系最亲近、最密切，感情最深厚、最真挚。后来，两人又共同登科，同入庙堂，忧伤时彼此慰藉，患难时相互扶助，思念时寄赠

乘风归去的
苏轼

诗词,同进同退,不离不弃。

在老家眉山,苏轼、苏辙两兄弟是出了名的"智慧娃",聪颖过人,才思敏捷。那时候,很多人觉得读书是件"苦差事",既枯燥乏味,又劳心费神,但苏家两兄弟相互陪伴、彼此扶持,不但没感到任何苦,反而学得津津有味,难怪他们会成为宋代"超级学霸"。

一直以来,苏轼对弟弟苏辙非常喜爱,也非常信任。苏辙对哥哥苏轼更是无限仰慕,无限敬重。兄弟二人手足情深,无论身处何方,相隔多远,都是彼此放不下的牵挂。晚年时,苏轼已经白发苍苍,仍然十分想念弟弟苏辙,于是带着美好的回忆,写下一首《满江红·怀子由作》,以表达深深的思念之情。

清颍东流,愁目断,孤帆明灭。宦游处,青山白浪,万重千叠。孤负当年林下意,对床夜雨听萧瑟。恨此生,长向别离中,添华发。

一尊酒,黄河侧。无限事,从头说。相看恍如昨,许多年月。衣上旧痕余苦泪,眉间喜气添黄色。便与君,池上觅残春,花如雪。

第一章　初露锋芒

清澈的颍水向东流去,望着江面船只渐行渐远,看着船帆若隐若现,心中不由得涌上阵阵愁苦。为官多年,四处奔波,走过万水千山,经过重重险恶,却辜负了当年与你"对床夜语、林下退隐"的约定。只叹这一生聚少离多,不知不觉已满头白发。

梦中兄弟相见,一起在黄河边饮酒,畅谈往事,无限感慨。互相望着彼此就像昨日般清晰,其实已分隔许久未曾见面。我衣襟上愁苦的泪痕隐约还在,但眉间喜气却已暗示你我重逢在即。到那时,和你一起出游池上,到落花如雪中寻觅春天的痕迹。

苏轼与弟弟苏辙的手足之情,一直为后世称颂。历史上,很多兄弟间存有嫌隙,甚至同室操戈,反目成仇,老死不相往来。但苏家两兄弟从小到大感情都很深厚,几乎从未发生过矛盾冲突,一生荣辱与共,相帮相扶。

幼年时,苏轼领着弟弟开心玩耍,两人是最好的同伴。少年时,苏轼带着弟弟徜徉书海,两人是最好的学友。随着时光流逝,在故乡眉山,苏家兄弟度过了一段青葱岁月,也留下一段美好难忘的回忆。

转眼间,几年过去了,苏轼的才学愈发耀眼,他满腹经纶,出口成章,犹如奔腾在草原上的骏马,精神抖擞,

驰骋四方。于是,父亲苏洵决定带着两个儿子进京赶考,登入庙堂,实现治国安邦的远大理想。

不过,在此之前,还有一件大事需要解决。是什么呢?成家!在我国古代思想体系中,人们往往是"先成家、后立业"。古人觉得有家做依靠,才会无后顾之忧,勇往直前去奋斗。尤其在宋代,特别流行"榜下捉婿",也就是每年科考放榜时,京城有女儿的人家见哪位考上的学子年轻帅气,适合做自家女婿,就会一拥而上"捉"回去,开始一系列嫁娶流程,最终抱得"金龟婿"。

老父亲苏洵想来想去,认为自家儿子考中的机会非常大,生怕被京城人捉去做女婿,果断决定在家乡找个知根知底的姑娘先娶为妙。瞧瞧,有这么一位不按套路出牌的父亲,也难怪儿子苏轼那么与众不同喽。

宋仁宗至和元年(1054),苏轼十九岁,在父母的安排下,娶了十六岁的本地姑娘王弗为妻。王弗正值碧玉年华,端庄美丽,是眉山青神县乡贡进士王方的女儿,自幼跟随父亲学习,知书识礼,温婉贤惠。

王弗刚嫁入苏家时,苏轼对她并不了解,见妻子人美心也美,出得厅堂入得厨房,将全家老小照顾得妥妥当当,苏轼自然十分满意。可渐渐地,苏轼对妻子有了"新发现"——每每苏轼读书时，王弗都会陪在他的左右，若苏轼忘记篇章词句，王弗会主动从旁提醒；若苏轼读错写错，王弗也能从旁指正。哎哟！这可让苏轼感到又惊又喜：原来，妻子不但识文断字，还是个隐形才女呢。

第二年，苏轼的弟弟苏辙也成了亲。兄弟俩解决了婚姻大事，也算完成了老父亲苏洵一半的心愿。接下来，父子三人就要离开眉山，启程前往京城，去寻找更广袤、更辽阔的天地，开创未来的荣耀之路。

当时，谁也没有想到，一个初出茅庐的年轻人，竟会在北宋文坛掀起轩然大波。更没有人想到，那个乘风归去的"东坡居士"，竟会令北宋文学因其而大放异彩，传颂后世千百年。

乘风归去的
苏轼

一 "考"榜上有名

宋仁宗嘉祐元年（1056），苏家三父子正式启程，去往北宋都城汴京[2]（今河南开封），参加全国大考。

那时候，人们出趟远门不容易，没有飞机、高铁，也没有自驾汽车，最快也只能骑马狂奔。因此，学子们为了参加考试，往往要提前几个月从家里出发。苏家父子也不例外，整整在路上奔波两个多月，直至繁花似锦的五月才到京城。

这里真是个好地方。

苏家父子走在汴京的街道上，望着金碧辉煌的亭台楼阁，看着川流不息的宝马香车，迎着南来北往的商贩游客，不禁心潮澎湃，百感交集：啊！京城果然不一般，处处彰显国际范儿，盛世光景入眼帘，谁还舍得转移视线？可再多的感慨，也改变不了人生地不熟的现状，父子三人只能寄居在僧庙，等待考试的到来。

其实，北宋的全国大考就像一场淘汰赛，需要进行级别不同的三次考试，突破层层难关之后，才能迎来金榜题名的高光时刻。

第一考叫"解试"，由地方州府主持。通过解试的尖子生们，可进入下一轮更高级别的考试。而没有晋级的考生，只能被无情地淘汰。若放在现代，那情形就相当于拿到省级比赛的获奖学生，才有资格去参加全国大赛。

第二考叫"省试"，是由尚书省礼部主持的考试。这场考试非常关键，也非常重要，关乎着选拔出来的尖子生们是否能够登上"全国荣耀榜"。当然，这也是最难的一场考试。

第三考叫"殿试"，由皇帝亲自主持，只按照成绩给考生们排下名次，且自嘉祐二年（1057）起，殿试不再淘汰考生。

当一个考生从起点不断晋级，连续通过三关考试，才算跻身学霸榜单，高中进士，推开北宋朝堂的大门。

嘉祐元年（1056）八月，苏轼兄弟参加了第一考"解试"。对于这场基础选拔考试，以苏轼两兄弟的才学，简直就是小菜一碟，分分钟轻松通过。第二年春天，苏家兄弟依照选拔流程，又开始参加第二关"省试"，主考官是当时北宋文坛最亮的星、名动天下的文坛领袖——欧阳修。

少年时期，苏轼就很崇拜那些正直坦荡的文坛巨擘，范仲淹、欧阳修等老前辈都是他倾慕的偶像。这时的苏轼还不知道，神奇的命运会将他与最敬重的欧阳修绑在一起，彼此还建立了情深似海的忘年友谊。

嘉祐二年（1057）正月，苏轼兄弟进入"省试"考场，需参加四科——诗、赋、策、论的综合考试，要在考场里待上三四天。当时文坛很流行空洞华丽的文风，但主考官欧阳修非常不喜欢，他更推崇平实、尖锐、有见地的文字。正因为这样，欧阳修在阅卷时闹了个乌龙，令苏轼与单科状元擦肩而过。事情是这样的：

当年"论"这一科的考试题目，是《刑赏忠厚之至论》，相当于现在的命题作文，要求考生自由发挥，谁写得好分数就高。苏轼本来就是个多面手，诗文词作想华丽就华丽，想朴实就朴实，没有最好，只有更好。于是，苏轼以高深的立意、平实的文字、严谨的逻辑、巧妙的引经据典创作完考试的文章。主考官欧阳修一看到这篇文章，立刻称赞起来。

"哎哟！这么好的文章，必须是本场考试第一名！"欧阳修握着笔，边说边准备写名次，可正要落笔时，他又猛地停住了，小声嘀咕道："观天下学子，文章写得这么

第一章 初露锋芒

好,很可能是老夫的门生曾巩。万一考卷真是曾巩的,我作为老师给他取个第一名,别人会不会说我徇私呀?"想到这里,欧阳修犹豫再三,最终把这份试卷判了个第二名。等试卷开封后,欧阳修才发现自己搞错了,苏轼就这样与"论"科状元失之交臂。

不过,几科成绩综合下来,苏轼兄弟顺利拿到最后一考的入场券,成为殿试的参加者。三月,仁宗皇帝亲自主持了这次全国大考的殿试,这场考试没有什么具体考核内容,只是皇帝与一众学霸的"见面会"而已,做做总结,点评点评,给大伙儿按照成绩从上到下排个名次、分个等级,然后下令礼部官员正式放榜,告知天下。

放榜那日,似乎整个京城都热闹起来,考生们里三层外三层将公示区围得水泄不通,熙熙攘攘,人头攒动。苏轼、苏辙两兄弟也和其他人一样紧张,踮起脚尖、伸长脖子,在大大的黄榜上寻找自己的名字。皇天不负苦心人,苏家两兄弟榜上有名,端正又亮眼。没错!苏轼和弟弟苏辙都是这次全国大考的胜出者,双双高中进士。

听闻喜讯的老父亲苏洵,心情莫名有些复杂,既为孩子们感到高兴,又为自己感到遗憾。想当年,苏洵几次参加科考都名落孙山,如今两个儿子只参加一次就风

光登科,真是令他五味杂陈,不知说什么好,只能作诗发发感慨:莫道登科易,老夫如登天。莫道登科难,小儿如拾芥。

苏轼人生中第一次大考,就这样欢欢喜喜落幕了。依照北宋科举制度,主考官录取一个考生,双方就自然而然形成"师生关系"。正是从这个时候开始,文坛巨擘欧阳修成为眉州小伙儿苏轼的老师,两位忘年之交的缘分齿轮,也迅速转动起来。

欧阳修非常欣赏苏轼,看过他的文章后,常常会赞不绝口,还曾感慨万千地说:"读轼书,不觉汗出,快哉,快哉!老夫当避路,放他出一头地。"后来欧阳修与儿子谈起苏轼,又情不自禁地长叹道:"汝记吾言,更三十年,无人道着我也!"意思是说,三十年后,北宋文坛再也没人谈论欧阳修了,大伙儿只会记得苏轼。由此可见,欧阳修真的非常喜欢苏轼,不遗余力地提携他、照护他,令苏轼一生铭记,感恩不尽。

当然,苏轼也非常崇拜欧阳修,从心底里敬重这位老前辈。考中进士后,苏轼怀着虔诚与敬慕,给考官们写了致谢书,以表达知遇之恩。

第一章　初露锋芒

> 人不可以苟富贵，亦不可以徒贫贱，有大贤焉，而为其徒，则亦足恃矣。
>
> ——《上梅直讲书》节选

人不能苟且追求富贵，也不能碌碌无为地甘于贫贱，世间有大贤之人，而自己能成为他的学生，就足够引以为傲了。

苏轼心目中的"大贤"，便是以欧阳修为首的名公巨卿，他们一直都是苏轼追寻的偶像。年轻的苏轼，用自己卓越出众的才华，推开了北宋文坛和庙堂两扇大门，他就像一只振翅欲飞的雄鹰，铆足了劲儿要直冲云霄，翱翔天际。

乘风归去的
苏轼

再"考"轰动京城

在我们的一生中，总有些事会不经意间突然袭来，或让人难以置信，或让人措手不及，或让人痛苦不已，或让人无可奈何。当苏轼、苏辙两兄弟在京城忙前忙后，学习各种律法公文，等待皇帝给他们安排工作时，一个噩耗从故乡眉山传到了京城——母亲程夫人去世了。

对于苏家父子来说，这个突如其来的消息无异于晴天霹雳，他们完全没有想到，也完全无法接受。父子三人立刻丢下手头的一切，马不停蹄地匆匆赶回家中奔丧。而刚刚崭露锋芒的文坛天才苏轼，也如一缕拂过京城的清风，还没来得及留下什么痕迹，就很快消散于天地之间。

苏家父子日夜兼程归来时，家中已乱作一团，充满悲伤的气息。苏轼两兄弟望着去世的母亲，痛哭流涕，泣不成声。在苏轼的心目中，从小到大母亲都是他最温暖的依靠，父亲不是在赶考的路上，就是在考砸散心的路上，母亲独自带着他们过日子，辛辛苦苦，任劳任怨。当两个儿

第一章　初露锋芒

子考中进士，终于能让母亲好好享受生活时，母亲却永远离开了。

世间最大的遗憾，可能就是"子欲养而亲不待"（意思是子女有好的条件想要赡养自己的父母时，父母已经等不及而离世）的悲哀。苏轼很敬重父亲苏洵，但与母亲程夫人的感情更深厚，正因为这样，母亲的离世才会令他伤心欲绝。

根据北宋的传统，父母去世后，儿子必须回家守孝三年。于是，办完母亲的丧事，苏轼开始了居家丁忧的生活。在这段日子里，虽然会因怀念母亲而心中伤感，但没有学业的负担、科考的压力、众人的期待，苏轼仿佛重返童年一样，度过了一段轻松闲适的时光。他常常会带着妻子去青神县岳父家中，走亲戚，交朋友，逛街巷，游山水，跟乡里的读书人谈志向，与族中的小孩子玩游戏，开开心心，自由自在，一天又一天。

岁月匆匆，时光飞逝，苏家兄弟为母亲服丧期满后，要继续去京城当官。老父亲苏洵这两年折腾来折腾去，接到朝廷好几次圣旨，让他到京城参加考试，但他想起自己年轻时的经历，只觉得心灰意冷，直接给拒绝了。现在，儿子们又要回京城，他孤零零一个人留在眉山守着空房

子,那多没意思呀!想来想去,老父亲苏洵最终决定:全家拔营离寨,一起去京城。

这次人多行李重,一大家子选择了水路,乘船沿长江徐徐而行,边走边看美丽的江景,有说有笑,饮酒作诗,要多惬意有多惬意!当船经过三峡[3]时,只见波涛汹涌,水流湍急,翻卷的浪花直冲悬崖峭壁,犹如万马奔腾,声势浩大。可这也给行船带来了危险,苏轼与家人沉醉在美景中,全然不顾惊涛骇浪的颠簸,反而随着小舟起起伏伏,发出一阵阵惊叹。面对壮美辽阔的三峡,以苏轼豪迈洒脱的个性,怎么能不当场赋诗一首呢?虽然惊险连连,但苏轼并不惧怕,一首《入峡》脱口而出:

入峡初无路,连山忽似龛。萦纡收浩渺,蹙缩作渊潭。风过如呼吸,云生似吐含。坠崖鸣窣窣,垂蔓绿毵(sān)毵。冷翠多崖竹,孤生有石楠。飞泉飘乱雪,怪石走惊骖(cān)。

——《入峡》节选

入峡之初,几乎看不到路,一山连着一山,望去像一座座佛龛。长江在峡谷中迂回百转,浩渺无边,但在最狭窄的地方,又如临深渊。风云变幻莫测,好像人在呼吸吞

| 20

吐一样。悬崖边草木丛生,发出细微的声响,长长的翠色藤蔓,垂挂下来,随风摆动。地势陡峭的地方,有很多翠绿的竹子,还有石楠花在旁边自开自落。峡谷中飞流而下的瀑布,水花四溅如飘雪,各种各样的怪石,似受惊奔跑的骏马。

苏轼爱极了三峡的磅礴气势和自然风光,一路诗兴大发,赞叹不止,与弟弟苏辙边走边看,边走边写,兄弟二人创作了百余首诗。

宋仁宗嘉祐五年(1060)二月,这一大家子终于抵达汴京,并很快在京城安顿下来。没过多久,苏轼、苏辙两兄弟被安排了官位,相当于朝廷给他们正式分配工作了,但两兄弟谁都没有去,而是选择了一次充满冒险和挑战的制科考试。

制科考试又称"制举",是不定期、非常规的"学霸晋升考试",也是难度最高的考试,堪称北宋考试难度天花板,由皇帝亲自出题、亲自面试。参加者个个都是顶级尖子生,还必须要有两位大臣荐举,否则连门槛都碰不到,能够通过的人更是少之又少,放眼天下也没有几个。而制科考试的时间,自由度也很大,全看皇帝的心情和安排。

非常幸运的是，苏轼、苏辙两兄弟赶上了这个十年一遇的好机会，且他们自身才华横溢，信心满满，又有朝堂大佬、文坛巨擘欧阳修做了苏轼的荐举人，真可谓"万事俱备，只欠东风"，就等着开考了。

这一考可不得了，苏家两兄弟又一起金榜题名，最终只有三人通过考试，苏轼、苏辙就占了两个名额。而且，苏轼还获得了最高等级——制科三等，刷新了学霸排行榜的纪录，成为宋朝第二个拿这么高分的人。

作为荐举人的欧阳修，看到这样圆满的结果，高兴得手舞足蹈，对苏家两兄弟连连称赞。当时的皇帝宋仁宗，甚至比大臣们更加激动，更加欢喜，回到后宫美滋滋地对皇后说："我今天，给子孙们找着了两个太平宰相啊！"

有了大宋皇帝和大佬欧阳修的点赞，苏家父子一夜之间轰动京城，登临"名人榜"热搜头条。上至王公贵胄，下至百姓黎民，几乎人人都知道了父子三人的大名，苏轼更是成为家喻户晓的"文坛超级新星"。

注释

[1]唐宋八大家：又称"唐宋散文八大家"，是唐代和宋代八位散文家的合称，分别是韩愈、柳宗元、欧阳修、苏洵、

苏轼、苏辙、王安石、曾巩。这八位散文家，都是古文运动的领袖，在他们的带领下，古文发展的陈旧面貌得以焕然一新。

［2］汴京：当时北宋的首都，即今天的河南开封。北宋时期，共设有四座都城，分别是：东京开封府，又称汴京；西京河南府，即今天的洛阳；南京应天府，即今天的商丘；北京大名府，即今天的邯郸大名。四座都城各自承载着丰富的历史和文化，共同构筑了北宋的政治格局。

［3］三峡：横跨重庆、湖北两地，全长193千米，是瞿塘峡、巫峡和西陵峡三段的总称。沿途有崇山峻岭、峭壁奇峰，景色绝美。

诗词延伸

夜泊牛口

日落红雾生,系舟宿牛口。

居民偶相聚,三四依古柳。

负薪出深谷,见客喜且售。

煮蔬为夜飧(sūn),安识肉与酒。

朔风吹茅屋,破壁见星斗。

儿女自呦嘤(yōu),亦足乐且久。

人生本无事,苦为世味诱。

富贵耀吾前,贫贱独难守。

谁知深山子,甘与麋鹿友。

置身落蛮荒,生意不自陋。

今予独何者,汲汲(jí)强奔走。

诗意

夕阳西下,红霞满天,系住船只到牛口过夜。当地村

六月二十七日望湖楼醉书

黑云翻墨未遮山,
白雨跳珠乱入船。
卷地风来忽吹散,
望湖楼下水如天。

民偶尔聚在一起，三三两两靠着路边的老柳树休息。砍柴归来的山民看到我们，显得非常高兴，还向我们售卖起柴火来。

这里民风淳朴，生活简单，村民煮着蔬菜当晚餐，平时很少见到酒和肉。寒冷的风吹过他们住的茅草屋，透过破烂的屋顶，甚至能望见满天星斗。看着儿女们咿咿呀呀说话，大人就感到快乐与满足了。

人生本来并不复杂，可一旦受到世间诱惑，就会辛苦了。富贵荣耀仿佛在向我招手，对我来说，唯独安于贫贱是一件很不容易的事。

要不是亲眼所见，谁知道大山里有愿意与麋鹿为友的人呢？他们身处蛮荒之地，却从容快乐地生活。如今为何唯独我，这样匆匆，奔走得如此勉强？

诗说

苏轼笔下的牛口村，虽然贫困落后，却充满了宁静与快乐。这也正是苏轼心中超脱世俗的表达，贫贱富贵都是身外之物，安贫乐道才是真生活。它不仅是对自然美景的赞颂，更是一种精神状态和生活态度的抒发。

第二章　官场新人
（1061—1074）

凤翔是边陲小镇，虽然名胜众多，风景优美，但经济发展落后，老百姓生活很不容易。苏轼深入基层调研，掌握具体情况后，向朝廷奏疏请命，减免当地百姓的赋税，推行各种惠民政策，努力让大伙儿过上好日子。空闲时，他也会登山临水，游览名胜古迹，给自己休假放松。

刚入职的"辛酸泪"

北宋时期，通过科举考试或其他全国大考的学子，朝廷会依照成绩高低给他们分配官职、安排工作，正式进入大宋公务员团队。苏轼、苏辙两兄弟在制科考试中大放异彩，不但收获了好名次，还赢得了高人气，成为北宋文坛人人关注的后起之秀。

既然考试任务已完成，那接下来，苏轼两兄弟就要投身职场，好好为大宋王朝干活了。很快，朝廷下达通知，任命苏轼为大理评事签书凤翔府判官。什么意思呢？其实就是让苏轼顶着京官的头衔，去陕西凤翔下基层锻炼。弟弟苏辙也被分配去外地就职，但考虑到老父亲苏洵需要人照顾，苏辙没有去赴任，留在京城陪着父亲。

宋仁宗嘉祐六年（1061），二十四岁的苏轼开启了自己的职场生涯，带着妻儿前往陕西凤翔。苏辙为哥哥一家送行，从京城开封一直走到郑州，兄弟二人才依依不舍地分别。这二十多年来，苏轼和弟弟苏辙几乎形影不离，他

第二章 官场新人

们不仅是兄弟,更是知己。

望着弟弟骑马离开的背影,苏轼心中悲戚而酸涩,很想大哭一场,又不得不硬生生忍了回去。当他经过渑池时,正好收到弟弟派人送来的赠诗,苏轼高兴得不得了,写下一首《和子由渑池怀旧》,以回应弟弟,互勉互励:

> 人生到处知何似,应似飞鸿踏雪泥。
> 泥上偶然留指爪,鸿飞那复计东西。
> 老僧已死成新塔,坏壁无由见旧题。
> 往日崎岖还记否,路长人困蹇驴嘶。

人这一生呀,常常四处奔走,就像飞翔的鸿雁在雪地上蹦跶,随随便便留下几个脚印,转眼就不知道飞哪儿去了,怎么会记得爪印留在何处呢?老僧奉闲(法号)已经去世,被安葬在一座新塔里,我们题诗的墙壁也破败不堪,看不到旧时的诗词痕迹了。还记得当年赶考的艰难与辛苦吗?路途那么遥远,人累得够呛,连那头跛脚的驴子都扛不住了,总是"啊呃啊呃"叫个不停。

苏轼在诗中劝慰弟弟,不必太过伤感,人生路漫漫,很多事情无法预测,不如顺其自然,且行且珍惜。

嘉祐六年（1061）腊月，苏轼一家人抵达凤翔，安顿下来后，他就全身心投入忙碌的工作中了。凤翔知府宋选是苏轼的顶头上司，待他很不错，两人搭配默契，相处得非常融洽。

苏轼任职凤翔府签判，压力虽然不大，但主管业务比较多，既要负责农田水利、粮草运输，又要审核案件、处理公文……苏轼审理问案时，常会提前去监牢见囚犯，问清来龙去脉，再调查真相，严惩罪犯，大大提高了凤翔府的破案率和好评度。见苏轼的工作能力这么强，宋知府十分满意，大胆放手让他去做事。当然，苏轼也不负领导所托，在自己的岗位上兢兢业业，那真是"说破了嘴，跑断了腿，百姓爱戴心里美"。

凤翔是边陲小镇，虽然名胜众多，风景优美，但经济发展落后，老百姓生活很不容易。苏轼深入基层调研，掌握具体情况后，向朝廷奏疏请命，减免当地百姓的赋税，推行各种惠民政策，努力让大伙儿过上好日子。空闲时，他也会登山临水，游览名胜古迹，给自己休假放松。

不过，这样和谐美好的职场生活，很快就因宋知府的调任而改变了。嘉祐八年（1063），凤翔知府换了人，苏轼也迎来了一位新上司——知府陈希亮[1]。陈希亮来自四川青神，与苏轼算是近距离老乡，但奇怪的是，这位陈知府仿佛与苏轼有仇似的，偏偏就是看不上他。

陈希亮是习武出身的知府，特别善于治理军队，而且非常严格，或许正因为这样，他平时才会总板着脸，冷冰冰的，摆出一副"生人勿近"的样子，是个妥妥的"低情商"老头儿。这时候的苏轼，正值年少轻狂，没经历什么风雨，还带着一点点叛逆，尤其是他曾被仁宗皇帝、文坛巨擘欧阳修点名称赞过，凭什么要被一个臭脾气的老头儿瞧不起呢？结果，两人同样倔强，撞在一起势同水火，谁也不服谁，谁也不让谁。

苏轼对于自己的才学很自信，甚至有些自负，每当写完公文、奏章等交给陈希亮后，苏轼都自我感觉良好。可陈希亮完全不这么认为，提笔就在苏轼的文稿上涂涂改改，气得苏轼直跺脚。

不仅如此，陈希亮还故意在苏轼面前"耍大牌"。有一次，苏轼主动去拜访这位陈知府，欢欢喜喜来了，却连门都没进去，一个人在外面枯坐好半天，坐得他全身的汗毛孔都透着怒火。

苏轼郁闷坏了，想来想去也想不明白："为什么呀？知府大人，我与你往日无冤，近日无仇，没招你也没惹你,你怎么总是挑我毛病、给我甩脸色呢?"他越是想不通,越与上司对着干,陈希亮中元节主持聚会时,苏轼作为下属竟公然不参加,气得陈希亮向朝廷告状,给苏轼一顿责罚。这样一来二去,两人之间的摩擦越来越深,关系也越来越僵。

没过多久,苏轼等来了"报复知府"的好机会。陈希亮在州府后院建造了一座楼台,起名"凌虚台",让苏轼写一篇文章刻在石碑上留念。这下苏轼可算能大显身手了,洋洋洒洒几百字,含沙射影,明嘲暗讽,谁看谁不舒服。但陈希亮并没有生气,反而破天荒夸赞了苏轼,说他写得很不错,命人一字不差地刻在了石碑上。

苏轼这才知道,陈希亮的胸怀是多么宽广。他其实是个有名的清官,不但洁身自爱,还体恤百姓,做过很多好事,深受百姓爱戴。在陈希亮的眼中,苏轼就像自家年轻气盛的孩子,若不处处压制他、管教他,怕他将来会骄傲自满,摔得更惨。

多年后,苏轼终于明白了陈知府的良苦用心,又想到自己的所作所为,真是后悔极了。唉,官场新人太年轻,规矩套路看不清,说多了都是泪呀!

第二章　官场新人

伤心事一件接一件

当苏轼正在凤翔下基层锻炼时，北宋朝堂已悄然起了变化：仁宗皇帝因病去世，英宗登基，年号治平，成为宋朝第五位皇帝。

不管京城怎样风云变幻，苏轼作为一个外地官员，仍是每天坚守岗位，按部就班地工作。治平二年（1065），苏轼在凤翔的三年任期届满，带着家眷返回京城，与父亲和弟弟团聚。这期间，朝廷会对地方官进行政绩考核，再根据考核结果重新安排官职。

原本呢，苏轼心中是有些小紧张的：任职凤翔签判是他第一次当官，难免会犯点儿糊涂、出点儿小错，而且皇帝换人了，一朝天子一朝臣，又有谁能摸透皇帝的真正心思呢？可出乎意料的是，宋英宗这个新任顶级上司，竟然也是苏轼的超级粉丝。

宋英宗对苏轼的才学早有耳闻，非常欣赏他，甚至想给他连升几级，好好重用一番。宰相韩琦不赞成，劝说皇帝道："苏轼确实是个好苗子，将来一定能做大事。但他资历尚浅，要慢慢培养，一步步来，免得他自己压力大，还惹来别人的闲话。等到有一天，他实力够强了，众人认可了，还怕没有高位吗？"英宗虽然不高兴，也没有再坚持。

同年二月，在朝廷的安排下，苏轼又参加了一次制科考试，并以优异的成绩再入"三等"，成为一名在京任职的史官，负责管理国家图书馆的档案。这份工作有名望、有地位，清闲无压力，还能日日博览群书，苏轼可喜欢了！

眼看着日子越来越红火，全家人快快乐乐奔小康时，一个晴天霹雳突然降下——苏轼的妻子王弗病逝了，年仅二十七岁。

王弗是个蕙质兰心的女子，有学问、有见识、有眼光、有格局。自从她嫁给苏轼后，不但将公婆侍奉得笑口常开，还将家务打理得井井有条，街坊四邻谁不夸她温柔贤惠？苏轼进京赶考前，王弗常陪着他读书学习，敦促他努力上进，考个好成绩；苏轼入职官场后，王弗默默在家抚育孩子，让苏轼没有后顾之忧，能够安心上班，好好工作。

第二章 官场新人

一直以来，苏轼与妻子王弗都很恩爱，感情甚好。在苏轼心中，王弗是独一无二的特别存在，不仅是他生活上的贤内助，还是他工作上的好帮手。凤翔任职期间，苏轼年轻气盛，心思单纯，不熟悉官场套路，不懂得人情世故，看谁都是"好朋友"。每每这个时候，王弗会主动给苏轼提出建议，帮助他慧眼识人，少走弯路。

苏轼在家中招待客人时，王弗会站在屏风后静静聆听，从他们的话语中判断对方值不值得深交。有人来找苏轼办事，赔着笑脸敷衍，一点儿也不真诚，王弗就会劝阻："这人是个'墙头草'，不管你说什么，他都没往心里去，只是应付你罢了，这种人靠不住。"有人来跟苏轼套近乎，说各种夸张的好话，哄得苏轼很高兴，王弗却摇头："君子之交淡如水，这种人满嘴甜言蜜语，只会拍马屁，肯定做不了长久的朋友。"起初，苏轼听到妻子对那些人的评价，心中还有些不服气，可后来的事实证明，妻子的话一说一个准，大才子也要甘拜下风。

王弗的离世，给苏轼带来了前所未有的沉重打击。过往的点点滴滴，曾经的一幕幕，如潮水般涌入苏轼的脑海，让他越想越悲伤，越想越难过，他像个孩子似的放声大哭，久久无法释怀。

如果王弗没有早早去世，一直陪伴在苏轼身边给他出谋划策，或许苏轼日后的人生会少些颠簸，多些顺遂。然而，世间没有"如果"，也没有从头再来，只有接受和面对。十年后，苏轼又梦到妻子王弗，心中的思念喷薄而出，写下一首感动无数人的千古名词《江城子·乙卯正月二十日夜记梦》：

十年生死两茫茫，不思量，自难忘。千里孤坟，无处话凄凉。纵使相逢应不识，尘满面，鬓如霜。

夜来幽梦忽还乡，小轩窗，正梳妆。相顾无言，惟有泪千行。料得年年肠断处，明月夜，短松冈。

你我生死永别、阴阳两隔，已经十年了。即使我强忍着不让自己去思念你，却始终难以忘怀。你的孤坟远在千里之外，我没有地方跟你诉说心中的凄凉与悲伤。就算我们真的重逢，你可能也认不出我了，我已经变得灰头土脸，鬓发雪白如霜。

晚上在梦境中，我突然又回到了家乡，看到你正坐在小屋的窗前对着镜子梳妆打扮。你我默默地望着彼此，什么话都说不出来，只有泪水不停地流。这样年复一年，能够让我因思念而肝肠寸断的地方，应该就是夜晚有明月照耀、有矮松陪伴、你所安眠的小山冈了。

苏轼对亡妻情深义重，甚至在多年后的梦境中，依然深深思念着她。但现实终归是残酷的，无论遭遇怎样的痛楚，时间不会停留，生活仍要继续。苏轼强忍着悲伤，打起精神，天天早出晚归，在图书馆加班工作，将自己硬生生变成了一个"卷王"。他希望用这样的方式来麻醉自己，暂时忘却伤痛。

日子慢慢过去，遨游书海的生活让苏轼逐渐走出了失去妻子的伤痛，可"屋漏偏逢连夜雨"，不到一年的时间，老父亲苏洵也离开了人世，终年五十八岁。

又是一件伤心事！

苏轼、苏辙两兄弟抱头痛哭，各自辞官，迅速办理了离职手续，护送父亲和王弗的灵柩出京城，回故乡安葬。父母合葬同一墓穴，又能在天堂团聚了。王弗是他们最疼爱的儿媳，也葬在二老旁边，从此互相守护。苏轼为寄托哀思，亲手种下许多松柏，陪伴亡妻和父母。

这回为父亲守丧又是三年，苏轼的仕途也再次戛然而止。命运如此安排，不知是冥冥注定，还是天意弄人，继续走着瞧吧！

乘风归去的苏轼

三年时间已变天？

说起来，宋朝真是我国历史上一个很特别的朝代，文化、经济、艺术、商业等空前繁荣，涌现出了很多大文豪、大画家、大书法家，被国外学者称为"中国的文艺复兴[2]时期"。

相对的，宋朝的军事力量却惨不忍睹，上百万的军队简直就是菜鸟水平，几乎回回打仗回回输，次次出征次次败，反而给周围的两个邻居——辽国和西夏开启了一条"致富"之路：财大气粗、不差钱儿的宋朝，每年给他们送钱送礼，以换取边境的安宁。

为什么泱泱大宋王朝的军队会这么弱呢？应该与"重文轻武"的国策有很大关系。宋朝建立后，皇帝们各个以身作则，爱读书、读好书，喜欢文人墨客，广招天下英才，待遇棒棒的。因宋朝非常富有，国库里存着很多钱，养支庞大的军队充充门面，吓唬吓唬邻居也行。可问题是，军队的长官基本是文人，没有实战经验，只会纸上谈兵，怎么能管理好军队呢？长官不行，士兵更是拿着工资混日子，久而久之，宋朝的军队也成了当摆设的花瓶。

从表面来看，北宋王朝风风光光，歌舞升平，处处繁荣昌盛，但它真正的情况是在外人瞧不见的地方，其实有一堆"烂摊子"等着收拾呢，可谓是典型的"金玉其外，败絮其中"。因此，当英宗皇帝去世后，年轻的神宗皇帝接管天下时，一场轰轰烈烈的变法运动[3]席卷了北宋王朝。

神宗皇帝才二十多岁，胸怀壮志，雄心万丈，迫切想要富国强兵，收拾北宋的"烂摊子"。与皇帝一拍即合的，便是"唐宋八大家"之一的大文豪王安石！

王安石这个人也挺特别，少年英才，聪明绝顶，当年他参加科考的成绩比苏轼还高，是个名副其实的超级学霸。按照正常的职场发展，王安石凭着出众的才华，能够安安稳稳过一辈子，并以"文学家"名垂青史。可谁也没想到，相较于满腹经纶的文学家，王安石更想成为扭转乾坤、一鸣惊人的政治家。为实现这个伟大的理想，他还远调外地，整整蛰伏了二十年！直到神宗皇帝继位，王安石的"强国梦"才终于登上历史舞台，开启了惊天动地的大变革。

乘风归去的苏轼

当北宋朝堂风起云涌、变幻莫测时,咱们的主人公苏轼在干什么呢?居家丁忧三年,整理书籍,抄录文章,过着简简单单的日子。在此期间,苏轼遵照亡妻临终时的嘱托,续娶了王弗的堂妹王闰之。闰之比苏轼小十多岁,是个恭顺温和的女子,文化水平不高,没有王弗那么聪明,但她心地善良,将王弗的儿子当成亲生的,且细心周到,知足常乐,令苏轼非常感动。

宋神宗熙宁元年(1068)十二月,苏轼、苏辙两兄弟再次携眷返回京城,将家乡事务全权交给了亲戚,再没有回去过,这也成为苏轼一生的遗憾。

离开故乡四川,一路行走几个月,当苏家兄弟回到京城时,一切都变得不同了:神宗皇帝锐意进取,宰相王安石风头正盛,变法运动如火如荼,朝廷争斗越来越激烈。其中,以欧阳修、司马光为首的保守派和以王安石为首的变法派,已经公开对立,互相看不顺眼。面对这种令人无语的窘境,一直在故乡守丧的苏轼不由得懵圈了:"怎么回事?才三年不见,京城变天了?以前和和美美的朝堂,怎么剑拔弩张的?"

苏轼返京后,任职殿中丞,在吏部工作,又是清闲无压力。而且,这时候的苏轼,运气也算不错。尽管欣赏他的仁宗皇帝、英宗皇帝先后去世，但年轻皇帝宋神宗，仍与自己的爷爷、父亲一样，属于苏轼的"忠实粉丝"。正因为如此，宋神宗还是有点儿"宠"苏轼的。

现在，朝堂大臣主要分为两派：一边是欧阳修、司马光等元老重臣，阵容强大，支持者甚多；一边是王安石及野心勃勃的小人，虽名声不怎么好，但神宗皇帝坚决力挺，是他们的最强后盾。到了苏轼这里，明眼人都能看得出，他显然要加入老臣队伍，可苏轼一向不喜欢分帮结派，他也不是全面否定变法，反而对王安石变法的一些条款是赞成的，只是觉得变法推进太快、太急功近利，结果闹得民怨沸腾，百姓苦不堪言，社会危害更大了。

于是，正义感爆棚的苏轼挺身而出，将自己手中的笔变成"枪炮"，向王安石一派开火。他洋洋洒洒写了一篇万言书，既说明了变法的可取之处，又指出了变法存在的问题。当然，以他不吐不快的性格，痛骂奸臣，狠批新政是必不可少的，甚至含沙射影地指责了神宗皇帝。

不得不说，苏轼胆子够大，勇气可嘉，但毫无顾忌地批评皇帝，他的脑袋是随时可能搬家的！难道苏轼不害怕吗？怕，肯定会怕，他把文章送上去后，慌得大气也不敢出，脖颈总是拔凉拔凉的。好在神宗皇帝"真"宠他，他这么一次次上书，一次次惹皇帝生气，皇帝都没搭理他，已是天大的宽容了。

苏轼用笔杆子得罪的人，除了神宗皇帝，就是王安石！据说，那些反对变法、敢讲真话的官员，一个接一个被王安石革职流放，贬出京城。可苏轼几次三番向皇帝说王安石的坏话，王安石竟然都忍了！

王安石这个人，虽性格固执，但心胸磊落，不做卑劣之举。他很早就欣赏苏轼的才学，两人若非政治立场不同，绝对能成为惺惺相惜的文学好友。可就算如此，天天有个下属在背后打小报告也受不了呀！后来，苏轼又在一次科举考试命题时，公然"讽刺"王安石，王安石终于发怒了。苏轼深感后怕，知道自己在京城待不下去了，主动申请外派工作。

神宗皇帝估计也有些头疼苏轼，干脆来个顺水推舟，几方权衡后，给他安排个杭州通判，让他去江南水乡赴任了。

第二章 官场新人

与西湖结缘,谁懂?

俗话说得好,上有天堂,下有苏杭。自古以来,杭州就是一座人间仙境,山水藏风光,美景似画卷,谁到这里不点赞?更何况,北宋时期的杭州,堪称江南数一数二的大城市,人口众多,富饶繁华,虽没有首都汴京的威严,却处处萦绕着春水般的温柔。

宋神宗熙宁四年(1071)七月,苏轼带着一家人离开京城,去往千里之外的杭州。途中,苏轼顺道看望了弟弟苏辙。要说这苏家两兄弟,还真是同荣辱、共进退,原来苏辙比哥哥更早被赶出京城,外派到了陈州(今属河南),在老前辈张方平手下做教授。两兄弟难得一见,彻夜长谈,从天黑到天亮,仿佛有着说不完的话,一边互相吐槽一边互相鼓励,最终相视而笑,继续为生活奔波。

临行前,苏轼又和弟弟一同去颍州拜访了最敬重的恩师——欧阳修。此时的老仙翁已年过花甲,身体清瘦,白发飘飘,虽无十多年前豪情万丈的雄姿,仍掩不住那由内而外的书卷气韵。兄弟俩陪着欧阳修品茶饮酒，游山玩水，度过了一段美好快乐的日子。没想到，这次相会竟是永别，第二年欧阳修就去世了，苏轼后来缅怀恩师，泪如雨下。

　　苏轼在赴任途中走走停停，直到熙宁四年（1071）十一月底，才终于抵达杭州。明明是第一次来，苏轼却觉得像回到了家，有种莫名的熟悉感，一下子就爱上了这里。杭州太漂亮了，一年四季花团锦簇，名胜古迹数不胜数，看不完山色美景，望不尽西湖烟波。杭州太好玩了，从街头走到巷尾，各种各样的小物件应有尽有，香喷喷的美味佳肴更令人流连忘返。

　　说起杭州，可能每个人头脑中的第一反应就是西湖，我们的主人公苏轼也不例外。一位豪迈洒脱的大文豪，站在美丽的西湖之畔，伴着徐徐清风，恍若飞天归去……这就是苏轼与西湖的奇妙缘分。

　　苏轼来杭州工作，本是因反对变法、得罪上司才不得已而为之。当他在江南亲眼见到变法给百姓造成的危害时，心中的痛苦与无奈瞬间翻倍，压得他喘不过气来。幸好在工作空闲时，还能与友人泛舟西湖，暂时逃避一下，否则他真怕自己会扛不住。望着波光粼粼的湖面，看着亭亭玉立的荷花，迎着朗朗皎洁的明月，仿佛所有不高兴的事都像浮云一般，不知不觉消散了。

在苏轼的眼中，西湖充满神韵和灵性，四季风景也各有千秋。春寒乍暖，万物复苏，湖畔杨柳依依，水面涟漪荡漾，西湖就像一幅柔和宁静的水墨画。夏日正浓的时候，湖中荷花竞相开放，红色、白色、粉色，一朵朵，一簇簇，在阳光的照耀下轻轻摇曳、生机勃勃。秋高气爽，白云悠悠，西湖仿佛变成了一位娇羞动人的姑娘，看花开花谢，看落叶随风，悄悄诉说着心底的故事。冬天，雪花飘飘，银装素裹，湖面覆盖着薄薄的冰霜，那样洁白无瑕，别有一番韵味。

苏轼甚爱西湖，对西湖情有独钟，他曾亲口说："杭州之有西湖，如人之有眉目。"一座这么漂亮的湖，没有建在郊野，而位于城市中央，本就是一道最亮丽的风景，谁能不在意它的美呢？

有一次，苏轼忙完工作，独自去钱塘门外的望湖楼喝酒，一边放松心情一边观赏西湖美景。谁知，就在这时，天空忽然下起雨来，大大小小的雨点像断了线的珠子一样蹦蹦跳跳，真是可爱又有趣。这下苏轼乐坏了，当场诗兴大发，一口气写下五首绝句！

> 黑云翻墨未遮山，白雨跳珠乱入船。
>
> 卷地风来忽吹散，望湖楼下水如天。
>
> ——《六月二十七日望湖楼醉书五首·其一》

天空中翻滚的乌云，如同泼洒的墨汁一样，还没有完全遮住远山，但白花花的雨点儿已经像珍珠似的，活蹦乱跳窜入船里了。忽然间，一阵卷地而来的狂风吹散了漫天云雨，从望湖楼向远处看去，只见到一片水天相接的美景。

苏轼笔下的西湖空灵、柔美、惊艳，总是那么与众不同，也只有苏轼的作品，才最能展现西湖的诗情画意。

在杭州待得越久，苏轼对西湖的认识越多，喜爱越深。每当工作烦闷，无处倾吐愤慨与焦虑时，西湖就是他最好的听众，最佳的心理医生。静谧的湖光山色清澈纯净，没有一丝瑕疵，就像苏轼那颗为百姓、为国家担忧的真心，没有一丝杂念。

宋神宗熙宁六年（1073）初春，苏轼受邀与朋友乘船游览西湖。此时，他已经来杭州一年多了，生活渐渐习惯，工作也上了轨道，偶尔会带着家人参加西湖聚会，或陪着朋友享受西湖美景，安抚自己的情绪，治愈自己的心灵。

第二章 官场新人

这天晴空万里,阳光明媚,一行几人坐在船上开怀畅谈,玩得很尽兴,甚至有点儿放飞自我。苏轼一向能言善辩,幽默有趣,无论何时何地,都有极强的存在感。这不,大伙儿正围着他问这问那,突然天色骤变,雨说来就来了。其他人一看:"哎哟!下雨了,快跑吧!"但苏轼一点儿也不在乎,反被茫茫烟水笼罩下的西湖深深吸引,不由得心中一动,写下赞美西湖的佳作《饮湖上初晴后雨两首》,其二更是流传千古。

水光潋滟晴方好,山色空蒙雨亦奇。
欲把西湖比西子,淡妆浓抹总相宜。

晴天时,西湖的水面泛起层层微波,涟漪荡漾,在阳光的照耀下美极了!雨天时,远处的青山笼罩在氤氲朦胧的雨雾里,烟水茫茫,若隐若现,是那样奇妙而绝美。如果把西湖比作美人西施,无论淡妆,还是浓妆,都显得很完美、很自然、很舒服。

还是那句话,苏轼的文字,最能表现西湖的诗情画意。西湖的灵秀,也最能彰显苏轼的卓越才华。苏轼与西湖的缘分,自从结下,便是永久。

变法"后遗症",得治!

在我国五千年历史上,出现过好几次大规模的变法运动,初衷几乎相同:发展经济,加强军事,让国家变得更富有、更强大,提升群众的幸福感。不过,任何翻天覆地的变革在冰冷的现实面前,都或多或少会撞得头破血流。

北宋时期的王安石变法,其实对改变北宋积贫积弱的现状、实现富国强兵的目标产生过很显著的作用,大大推动了社会进步。王安石也是一位思想超前、远见卓识的政治家,问题是他太着急、太固执,一心追求变法的前期效果,而忽略了各种"后遗症"。

苏轼反对王安石变法,并非全盘否定,甚至还很支持某些条款。只不过变法在推行过程中渐渐变了味,本应利国利民的举动,竟加重了百姓的负担,越来越祸害人。时间久了,自然会引起民怨民愤,个个痛恨变法。

宋神宗熙宁四年(1071),苏轼正式上任杭州通判,主要是协助知州处理工作,负责粮盐运输、农田水利、案件诉讼等事务，相当于杭州府"二把手"。初来乍到，苏轼努力适应新的工作环境，可他很快发现，自己这么一个善于交友的社会人，几乎与同事找不到共同语言。因为，大伙儿不像苏轼一样，总想着国家大事，想着百姓黎民，他们最希望升官、发财、涨工资，优哉游哉地过自己的小日子。正所谓"道不同不相为谋"，既然同事之间没话说，苏轼更愿意去寺庙与高僧交谈。

杭州山水多，寺庙多，僧人也多，其中不乏才华出众的诗僧，他们各有各的本事，各有各的闪光点，就像独立于世俗之外的宝玉，令人欣赏而敬畏。苏轼曾独自寻访寺庙，结交了很多僧人朋友，与他们探讨佛法，畅所欲言，不知不觉间忘记了烦恼，净化了心灵，整个人都变得轻松起来。

然而，逃避现实终究只是自欺欺人。

当苏轼在杭州工作时，变法已经在全国铺开，一条一条执行起来。苏轼早看出了变法的弊端，几次三番表示反对，本以为离开京城就眼不见为净，可他万万没想到，逃不开、躲不掉，还要硬着头皮去遵照，真是太痛苦了。

每当苏轼坐在公堂上，审理因新法而"犯罪"的无辜者时，总是满脸惭愧，内心纠结，迟迟不忍签署判决书，落笔又会热泪盈眶。看着因违反新法而戴着镣铐的老百姓，苏轼一次次质问自己，甚至唾骂自己，为什么变成了新政的帮凶。他曾在一首诗中说："我之恋薄禄，因循失归休。不须论贤愚，均是为食谋。"意思是，为了那份微薄的工资，他昧着良心执行新法，与被关在监牢里的囚犯有什么区别呢？大家不过是想有口饭吃，填饱肚子罢了。

苏轼将百姓的苦看在眼中，急在心上。他无数次想冲到神宗皇帝面前，亲口告诉他，天下被新法折腾成什么样了。这一切，明明是朝廷变法的失误，为什么要无辜百姓来承受恶果呢？

苏轼心中的满腔悲愤无处发泄，只能再次将笔杆子变成利剑，写下一首首诗词，一篇篇文章，用火热的文字诉说天下疾苦。苏轼的文字力量大、传播广、后劲足，但很可惜，还是没能扛住变法的巨型车轮，新政继续推进，百姓在水深火热中苦苦挣扎。

随着盐法的颁布，江南官府开始强征百姓挖凿运盐河，苏轼正好负责监管工作。当时下着大雨，一千多名老百姓冒雨劳作，被淋得像落汤鸡，在泥浆里苦苦挣扎，谁能体会他们的痛苦呢？苏轼看不下去，雨水和泪水混在一起，变成了更锐利的文字。

第二章 官场新人

再说"青苗法",本是官府给百姓放低息贷款,让百姓买种子,好好种田种地,到了秋收季节连本带利还回去。可那些黑心官吏,为了多放贷、冲业绩,或强制老农借钱,或骗年轻人贷款。结果,年轻人觉得来钱容易,纷纷跑出去吃喝玩乐,当官吏上门催债时,又个个哭爹喊娘,背上了更多债务。

老农的日子也不好过,天天辛苦种庄稼,只盼有个好收成。可偏偏天公不作美,狂风不歇暴雨不停,庄稼被淹,卖不了多少钱,怎么交官府的税?其实,在新法实施之前,农民是可以用粮食抵税的,如今官吏只收钱、不收米。农民只能贱卖粮食,再去交税,辛辛苦苦干一年,到头还是没有钱,反而被贪官污吏压榨欺负,有口不能言,有苦无处说。

这样一幅幅悲惨的景象,呈现在苏轼面前,深深烙印在他的脑海里,令他备受煎熬。苏轼性情刚烈,是非分明,目睹了这些变法"后遗症",怎么可能无动于衷?他一边不停上书朝廷,恳请皇帝废除新法;一边带头为百姓做实事,治理蝗灾,赈济难民,配合知州疏浚六井,保证井水不断,老百姓什么时候都能有水喝。

苏轼远在杭州,左右不了朝堂大事,但整个天下民怨沸腾，各地官员纷纷上书，神宗皇帝就算处于深宫，也渐渐听到了真实的声音。又过了几年，变法的主要策划人王安石被罢相，在不甘与无奈中告老还乡。轰轰烈烈的"熙宁变法"以失败而告终，神宗皇帝的雄心壮志没有实现，反倒令北宋王朝元气大伤，开始走上了下坡路。

熙宁七年（1074）九月，苏轼在杭州的任期届满，迎着瑟瑟秋风，他即将告别烟雨江南，奔赴新的征程。

注释

［1］陈希亮：字公弼，北宋时期著名官员。与苏轼同为眉州人。从进士及第开始，为官三十余载，不论是在地方还是京城，他都爱民如子，疾恶如仇。

［2］文艺复兴：指发生在14—16世纪的一场欧洲新兴资产阶级思想文化运动。发源于意大利，随后传遍整个欧洲，塑造并影响了现代文化的发展，主要体现在艺术、建筑、哲学、文学、音乐、科技等多个方面。

［3］变法运动：即王安石变法，也称"熙宁变法"，是一次发生在北宋神宗时期的政治改革运动，以"理财""整军"为中心，涉及政治、经济、军事、社会、文化等多个方面，对改变北宋积贫积弱的状况起到了显著作用。与此同时，变法也存在一些弊端，前后持续了十六年之久，最终以失败而告终。

诗词延伸

蝶恋花·暮春别李公择

簌簌无风花自堕。寂寞园林,柳老樱桃过。落日有情还照坐,山青一点横云破。

路尽河回人转舵。系缆渔村,月暗孤灯火。凭仗飞魂招楚些,我思君处君思我。

词意

暮春时节,落花簌簌,却不是被风所吹,而是花朵自己悠悠坠落的。寂静的园林中,花开又花落,柳树已老,樱桃已过。看似有情的落日照耀着客座,高耸的青山仿佛刺破了天空中的横云。

老朋友即将远行,我已送他走到岸的尽头,他乘坐的轻舟也在慢慢转舵。或许,你今夜停泊于冷落的渔村中不想睡,独自对着孤灯冷火,唯有暗月相伴。我像《楚辞·招魂》中召唤屈原那样,召唤离去的友人,希望我思念你的时候，你也在思念着我。

词说

　　这是一首送别词，借助暮春之景的描写，表达了作者和友人之间真挚而深厚的感情，以及分别时的无奈和哀愁。此词一改往日豪迈之风，立意于庭院花草枯荣、友人送别的凄哀之境。"凭仗飞魂招楚些，我思君处君思我。"恳切真挚，深情无限，给人无尽的余味，依然充满乐观向上的精神。

第三章　实干岁月

（1074—1079）

苏轼心急如焚，脑门直冒汗，在府衙里走来走去想办法，可降雨这件事在古代非人力所能及，只能祈求老天爷帮忙。苏轼作为密州知州，代表老百姓上山求雨，虔诚地写下祭文，来来回回奔波了好多次。或许是巧合，或许是诚意动天，密州真的下雨了！

斗天灾，战人祸

北宋时期，官员通常在外工作满三年后会调任离开，重新安排职位，换个地方上班。杭州三年，苏轼任职通判，虽然有时违心，有时纠结，有时憋屈，有时挣扎，但他为杭州老百姓所做的一切，众人有目共睹，牢牢记在心里。

届满前，苏轼依照惯例上书朝廷，请求派个山东的差事。这是为什么呢？原来，苏轼的弟弟苏辙正在济南任职，他想调往山东，离弟弟近些。两兄弟的感情真令人羡慕啊！朝廷这次没有为难苏轼，下令很干脆，直接让他去山东密州做知州，当上了一把手。

于是，苏轼带着家人离开杭州，启程去密州赴任，而且身边多了一个十二岁的小丫鬟，名叫朝云。宋神宗熙宁七年（1074）年底，苏轼到达密州。乍一看，他差点儿以为自己走错了地方，那里沙尘翻卷，一片荒凉，要什么没什么，只有狂风"呼呼呼"地咆哮。

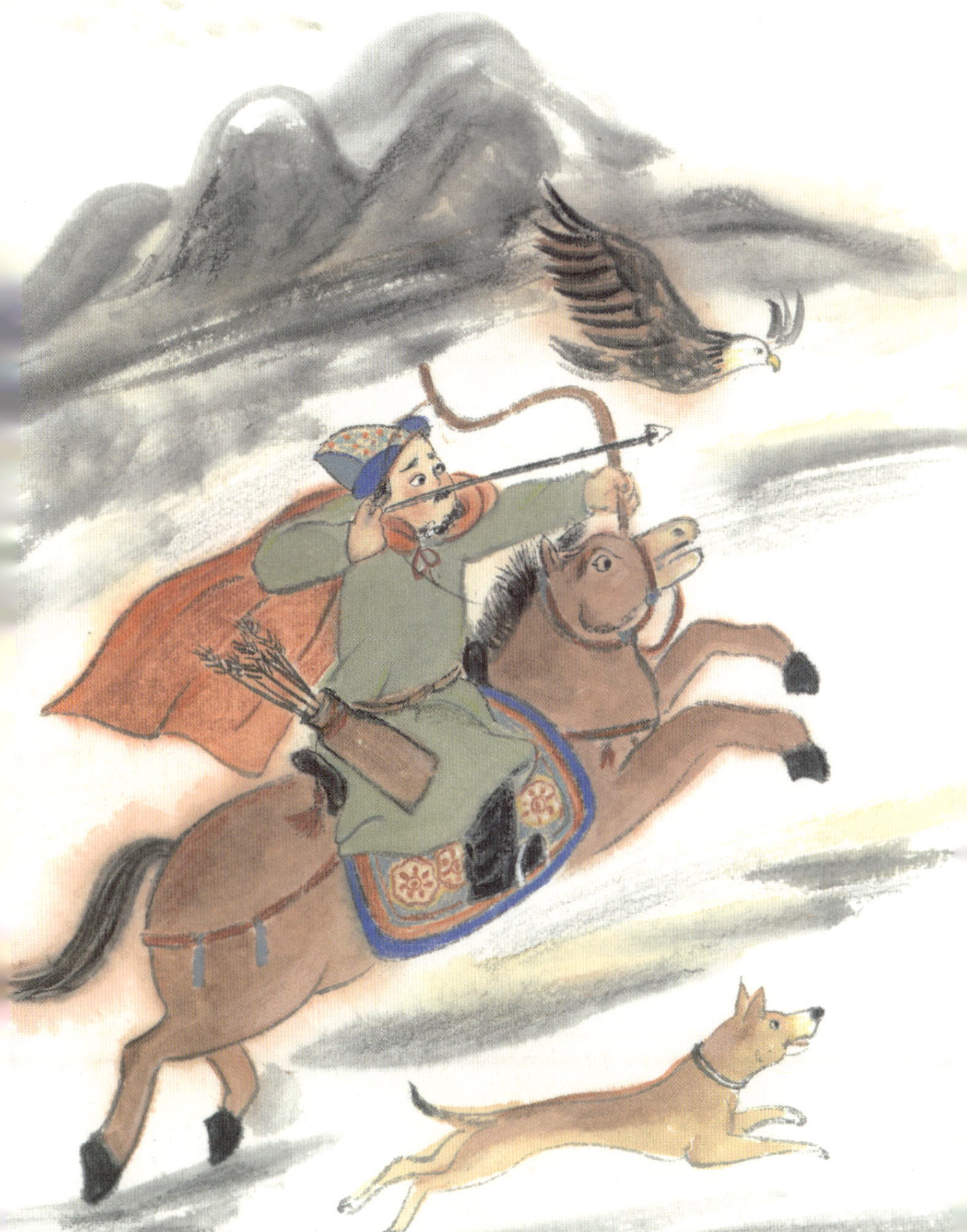

江城子·密州出猎

　　老夫聊发少年狂，左牵黄，右擎苍，锦帽貂裘，千骑卷平冈。为报倾城随太守，亲射虎，看孙郎。
　　酒酣胸胆尚开张，鬓微霜，又何妨！持节云中，何日遣冯唐？会挽雕弓如满月，西北望，射天狼。

第三章 实干岁月

苏轼突然无语了，不由得暗忖："尽管知道密州偏远落后，但与杭州真是没法比，心理落差有点儿大。"可越是这样，苏轼越有干劲，既然来密州当了一把手，他就不能让老百姓失望。

当时，密州正在闹蝗灾，非常厉害。蝗虫铺天盖地，黑压压一片，所过之处寸草不生，密州老百姓都快愁死了。苏轼上任后，立刻行动起来，亲自带领百姓灭蝗虫、战蝗灾。他一边上奏朝廷，告知密州蝗灾的严重程度，一边走入田间查看，指导百姓杀虫。

蝗虫数量多，食量大，一团团、一簇簇，飞在空中就像厚厚的乌云，哪怕日日捕捉，也很难消灭，要想永绝后患，必须从根源入手。苏轼曾在杭州治理过蝗灾，亲眼见过那恐怖的景象，也总结出一些有效的方法。他告诉密州百姓，用火焚烧，杀虫除卵，将藏在土里的蝗虫幼虫消灭，它们就飞不出来了。百姓非常高兴，总算寻到了灭虫之法，纷纷跑入田间地头，热火朝天地干了起来。

可是，除了蝗灾，还有旱灾。天不下雨，土地变得越来越干，刚种上的麦苗耷拉着脑袋，无精打采，眼看就要枯萎了，日后怎么能有好收成？谁都清楚粮食的重要性，若是庄稼旱死了，要有多少百姓忍饥挨饿呀！

乘风归去的
苏轼

苏轼心急如焚，脑门直冒汗，在府衙里走来走去想办法，可降雨这件事在古代非人力所能及，只能祈求老天爷帮忙。苏轼作为密州知州，代表老百姓上山求雨，虔诚地写下祭文，来来回回奔波了好多次。或许是巧合，或许是诚意动天，密州真的下雨了！虽然雨量不大，但如饥似渴的田间麦苗扬起了头，全城百姓都在欢呼庆祝，苏轼也心满意足了。

有一次，苏轼在求雨返程的路上，突然来了兴致，与下属们在附近的山冈举行会猎。茫茫旷野，一望无际，高举弓箭，豪气干云。苏轼心中百感交集，激情澎湃地写下一首杰作《江城子·密州出猎》：

老夫聊发少年狂，左牵黄，右擎苍。锦帽貂裘，千骑卷平冈。为报倾城随太守，亲射虎，看孙郎。

酒酣胸胆尚开张，鬓微霜，又何妨！持节云中，何日遣冯唐？会挽雕弓如满月，西北望，射天狼。

姑且让我这样的老头子，也像年轻人那样，展示一下自己的豪情壮志吧！我左手牵着黄狗，右臂托着苍鹰，戴着华美的帽子，穿着貂皮大衣，率领数千将士和随从，浩浩荡荡席卷平旷的山冈。瞧！全城百姓都来看我狩猎，为报答大伙儿追随我的盛情，我要像昔日的孙权那样，亲自射杀一只大老虎。

酒喝得正痛快，我心情舒畅，胸怀开阔，胆量也提升上来。就算我的两鬓已经长出白发，又有什么关系呢？不知什么时候，皇帝才会派人下来，像当年汉文帝派遣冯唐去云中赦免魏尚那样，也让我身负重任？那时我一定会竭尽全力，把雕弓拉得像满月一样，瞄准西北，把代表西夏的天狼星射下来。

这首意气风发的豪放派[1]诗词，自从问世，便一举封神。

不过，当时作为密州一把手的苏轼，没什么闲工夫欣赏自己的作品，还有很多事等着他忙乎呢。首先要面对的就是扰乱密州社会秩序的盗贼！说起来，密州这个地方，因偏远贫困，又逢天灾人祸，民风非常彪悍。想想也能理解，老百姓连饭都吃不上了，哪还有心思遵纪守法呀？为了活下去，只能眼一闭心一横，干起了打家劫舍的买卖，密州的强盗也就越来越多了。

不管怎样，抢劫、偷盗、欺负弱小的事，都是错误的、违法的，苏轼同情那些迫不得已去当强盗的人，愿意从轻量刑，但绝不会因此而放任盗贼肆虐，让他们继续伤害老百姓。

苏轼早就听说，乡民们曾多次反抗盗匪，结果却不尽如人意。看来，除了正面硬刚，还需要侧面智取，制订完整的剿匪计划。苏轼重金悬赏破案线索，招募州内青壮男子，集中进行训练，提高对盗匪的作战技能。然后，苏轼亲自率领官兵和志愿者队伍，趁盗匪们不备，突然展开围剿，很快就抓住了不少坏人，密州也安宁了许多。

苏轼心里明白，抓盗匪只是"治标不治本"的方法，过一段时间，盗匪又会卷土重来。为什么呢？一个字：穷！两个字：贫困！如果老百姓有吃有喝，生活安稳，谁愿意冒着生命危险去做强盗呀？一想到这些，苏轼就急得直冒火，拿起自己的笔杆子，反复上奏朝廷，请求减免密州百姓的税赋。如今，百姓已经吃不饱、穿不暖了，还要求他们必须交税，那不是把人往绝路上逼吗？

没多久，朝廷下来诏书，答应了苏轼的请求，密州老百姓高兴坏了，纷纷来向苏轼表达感谢，都说他是一位真心为民的好知州。

第三章 实干岁月

月亮代表我的心

　　我们生活在这个世界，总会结交一些不同的朋友，有的走着走着就疏远离散了，有的反而越来越亲近，成为知己。人生得一知己，足矣；若这个知己是血脉相连的至亲，还惺惺相惜一辈子，那岂不是比天上掉金蛋更惊喜，比中了五百万更幸运？没错，苏轼就是那个幸运的人！他与弟弟苏辙，相知相惜，相扶相助，一生都是彼此最重要的知己。

　　当初，苏轼在杭州任职期满，自己主动申请来山东工作，就是想离弟弟苏辙更近一些，方便两兄弟时常见面。谁知，理想很丰满，现实却很骨感：苏轼刚到密州，就一脚踏入了苦日子！密州太贫困，作为密州一把手的苏轼，有时甚至不能吃上一顿饱饭，何况普通老百姓呢？

　　说出来不怕笑话，对于密州的生活，连苏轼自己都忍不住吐槽，在《后杞菊赋》中写道："而予仕宦十有九年，家日益贫。衣食之奉，殆不如昔者。乃移守胶西，意且一饱,而斋厨索然,不堪其忧。"说他当官十九年了,家里一年比一年穷,工资一年比一年少。现在的薪水降了很多,养家糊口都快成问题了。看着空荡荡的伙房,苏轼摸着"咕咕"叫的肚子,只能约上一起工作的同事,两个人跑到野地里,挖野菊花和枸杞来充饥。吃饱后,自己还摸着肚皮哈哈大笑,真是够可怜的。

但不管怎么说,苏轼终归是密州一把手,至少每月领着朝廷的工资。那密州百姓呢?很多人流离受饿,实在活不下去了,只能将出生的婴儿丢在城墙边,饿得哇哇大哭……如果不是走投无路,哪个父母忍心抛弃自己的孩子?苏轼每次巡城时,看见被丢弃的婴儿,都会哗哗流眼泪,心疼地抱回自己家。他还下令让州府的官员去野外捡拾弃婴,才短短几天,府衙就收留了很多婴儿。可这样下去也不是办法,苏轼又带头筹集了一笔钱,将这笔钱作为弃婴的抚养费,发放给那些愿意抚养孩子的家庭。

虽然生活艰难,甚至有时无能为力,但苏轼从来没有放弃过,总是想尽办法为百姓排忧解难。路遥知马力,日久见人心,密州老百姓也越来越信任和爱戴这位父母官了。

回头想想,苏轼自从当上密州知州,似乎就被工作

"这座大山"压住了,每天像个陀螺一样,忙得团团转,根本停不下来。尽管苏轼没说过自己是个"工作狂",但工作在前,百姓为先,当他日夜加班,全身心投入到民生政务中时,早已将与弟弟见面的想法抛在脑后了。

一转眼,两年过去了,明明兄弟俩所在的地方距离挺近,可偏偏像隔着万水千山,就是抽不出空来聚一聚。宋神宗熙宁九年(1076)中秋夜,又到了一年一度阖家团圆的日子,苏轼与朋友、同事一起在密州饮酒赏月,喝得酩酊大醉,抬头仰望夜空中的明月,突然想起了自己最亲的弟弟子由,忍不住心中一动,鼻子一酸,眼眶瞬间变得通红。好久没见到弟弟了,真希望他能陪在身边,两兄弟对月当歌,共度中秋佳节。

于是,怀着无限感慨,苏轼乘兴写下一首《水调歌头·明月几时有》,希望月亮能将遥远的思念带给弟弟,让他明白自己的心意。

> 丙辰中秋,欢饮达旦,大醉,作此篇,兼怀子由。
>
> 明月几时有?把酒问青天。不知天上宫阙,今夕是何年。我欲乘风归去,又恐琼楼玉宇,高处不胜寒。起舞弄

清影,何似在人间。

转朱阁,低绮户,照无眠。不应有恨,何事长向别时圆?人有悲欢离合,月有阴晴圆缺,此事古难全。但愿人长久,千里共婵娟。

丙辰年(1076)中秋夜,通宵畅饮,已至天明。虽大醉,兴致不减,写下这首词,也同时表达对弟弟子由的思念之情。

我端起酒杯遥问苍天:明月是从什么时候才开始有的呢?不知道天上的宫殿,今天晚上是何年何月。我想乘着清风,回到天宫去,又担心在美玉砌成的楼宇里,受不住高耸九天的寒冷。在月光的照耀下,我与自己的身影为伴,翩翩起舞,自由嬉戏,天宫哪里比得上在人间?

月亮转过朱红色的阁楼,低低悬挂在雕花的窗户上,照着毫无睡意的我。明月应该对人们没有什么怨恨吧,为什么偏偏要在人们离别时才会变圆呢?人生本来就有各种悲欢离合,月亮也有阴晴圆缺,这种事自古以来就很难两全其美。只希望世上所有的亲人都能平安健康,哪怕彼此相隔千里,也能共享这皎洁美丽的月光。

后来,这首词成了千古佳作,深受推崇与赞美,直到今天仍广为传诵，慰藉了很多身处异乡的游子。虽然远隔重洋，亲人无法团聚，但彼此站在同一片蓝天下，共沐温暖的阳光，仰望同一个月亮，共享美好的月色，何尝不是另一种相聚呢？只要互相思念，互相牵挂，不管时间和空间有多远，亲情永相连，真心不会变。

苏轼在密州工作期间，全心全意为国为民，令密州的状况有了很大改善。但放眼望去，百姓生活依然艰难，苏轼自己也会常常焦虑，甚至悲观地想逃避现实。如果有一天，离开这昏暗压抑的人间，自由自在乘风归去，一切会不会更好呢？苏轼没办法给自己答案，但他知道，无论身处怎样的困境，都要打起精神，积极乐观地面对。

渐渐地，苏轼想通了，也看开了，不再执着于自己控制不了的东西，而是继续踏踏实实做自己能做的事。宋神宗熙宁九年（1076），他命人修整了密州城北的一座旧楼，取名"超然台"，用来给当地官员和百姓聚会游玩。其实，只要心有超然，知足常乐，每天都是好日子！

乘风归去的
苏轼

抗洪救灾大英雄

林语堂先生曾说，苏轼一生中真正的实干岁月，是从徐州黄楼开始的。在那之前，人们只知道他是一位才华横溢、冠绝北宋的文学家，而那之后，人们又陆续发现了他在建筑、农业、水利、医药、美食等多方面的才能。

或许，徐州应该算是苏轼职业生涯中的一个转折点，但实际上，苏轼自登科做官后，一直遵循自己的本心，在不同的岗位勤奋工作。无论在哪里任职，他都尽自己的最大努力为百姓谋福利，为国家做贡献。

宋神宗熙宁九年（1076）底，苏轼被朝廷调离密州，兜兜转转之后，他去徐州做了一把手。幸运的是，赴徐州上任前，苏轼终于见到了弟弟苏辙。此时，兄弟二人已阔别七年，能够再次相聚，都激动得热泪盈眶。这次兄弟团圆，亦如儿时那样，一个睡床头，一个睡床尾，伴着皎洁的月光，痛痛快快聊天，想说什么就说什么，想怎么吐槽就怎么吐槽，敞开心扉，毫无顾忌，两兄弟的笑声在寂静的夜里不断回荡……

美好的时光总是短暂的，苏轼与弟弟苏辙又要分开了。如今，两人年纪越来越大，仍要为生活继续奔波，不知下次什么时候才能再见面。

宋神宗熙宁十年（1077），苏轼携同家眷到徐州上任。自古以来，徐州就是兵家必争之地，北宋时期也不例外。徐州依山环水，风景如画，人口众多，矿产丰富，属于北方军事要塞。

坦白说，苏轼挺喜欢徐州这个地方，也愿意承担起知州的责任，带领徐州百姓奔小康。可他怎么都没想到，才刚刚上任三个月，徐州就遭遇了一场前所未有的特大洪灾。

当时黄河突然决口，像失控的大怪兽一样猛冲下来，洪水翻涌着向前，如同万马奔腾，浩浩荡荡，很快就吞没了大片大片的土地。没过多久，洪水就冲到了徐州，在城门口疯狂咆哮。由于城南高山的阻挡，洪水无路可出，只能不断往上蹿，水势越涨越高。更要命的是，偏偏在这个时候，老天爷也来开玩笑，竟然下起了大雨！滂沱大雨伴着翻涌的洪水，一下子就围困了徐州城，大水沿着城墙涨了上来，甚至比城内的街道高出三四米，如果没有城墙的阻挡，整个徐州城瞬间就会被大水吞得干干净净。

作为徐州的父母官，苏轼第一时间站了出来，与全城老百姓共抗洪灾。眼看洪水像猛兽一般撞击着城墙，发出雷鸣般的轰响，苏轼早已急坏了，心中忐忑不安却要极力忍住，生怕影响同事和百姓。如今，洪水汹涌而来，干着急是没有用的，必须想办法守城。

于是，苏轼带头行动起来，领着广大民众加固城墙，修补缝隙，奋力抢救徐州城。可城里的老百姓害怕了，大伙儿从没见过这么厉害的洪水，万一水势再增高增大，徐州城就会变成洪水的"口中餐"，城里所有人都要陪葬呀！真是越想越害怕，很多有钱人待不住了，赶忙收拾东西，带着一家老小，拼命想逃出城去避难。其他老百姓一看，心想："哎哟！城里的有钱人都去逃命了，咱也跟着吧！"可想而知，城内变得人心惶惶，乱作一团。

常言道：人心齐，泰山移。苏轼不怕洪水猛兽，最怕民心涣散。只要有万分之一的希望，他都不会放弃徐州，不会放弃百姓。但眼前，似乎是城里的百姓自己选择了放弃，这才是让苏轼最气愤、最无奈的事。明知徐州城危在旦夕，城中富人竟带头跑路，造成百姓另一波恐慌，实在太让人失望了！

苏轼心中愤慨,蹚水跑到城门前,大声斥责出逃的富人:"赶快回去!如果你们带头跑了,会动摇大家的信心,谁还愿意守城?"富人们无言以对,但在生死存亡面前,无论贫困,还是富裕,任何人都没有足够的信心呀!这时,苏轼拍着胸口保证:"你们放心,只要我在,就不会让洪水入城。"苏轼的勇敢无畏,成为一颗"定心丸",安抚了全城老百姓。

洪水越升越高,暴雨越下越大,徐州城犹如一叶扁舟在水浪中苦苦支撑。苏轼听从城内老人的建议,一边继续加固城墙,一边修筑防洪堤坝。可这么庞大的工程需要更多人手,怎么办呢?苏轼想来想去,决定让驻守在徐州的朝廷禁军来帮忙。不过,作为地方官员的苏轼,根本没有调动禁军的权力,恐怕……苏轼顾不上这些,他穿着草鞋,拄着手杖,一脚深一脚浅地来到军营,请求支援。禁军官兵见苏轼真心为民,很是感动,纷纷挺身而出,自愿加入到守护徐州城的战斗中来。

不管遇到什么危险,苏轼总是身先士卒,毫不畏惧。他带领军民日夜赶工修筑堤坝,奔走在抗洪救灾最前线,连续几天几夜不回家,还直接在城墙边搭个棚子做办公室,白天工作,晚上睡觉,与百姓和官兵同甘共苦。大伙

乘风归去的
苏轼

儿一瞧："这样的好官与自己并肩战斗，保护徐州，还有什么可怕的？"如此一来，民心更加团结坚定，哪怕面对着洪水猛兽，也没有人再退缩放弃。

就这样，整整四十五天后，围困徐州城的大水慢慢退去。全城百姓欢天喜地，奔走相告，庆祝这次守城的胜利。当然，大伙儿谁都没有忘记那位不顾自身安危、与百姓共进退的知州大人——苏轼，他是当之无愧的抗洪救灾大英雄！朝廷似乎也是这样想的，很快颁下诏书，表彰了苏轼。

当徐州百姓都在为知州大人高兴时，苏轼自己却忧心忡忡："这次洪灾算是扛住了，可徐州离黄河这么近，说不定什么时候河水再次泛滥，又气势汹汹地冲杀过来，怎么办呢？"苏轼立刻上奏朝廷，申请在城外修筑防洪大坝。

朝廷褒奖苏轼抗洪有功，答应了他的请求，很快拨款，派人来帮忙。苏轼非常高兴，第二年就在徐州城修建了一座抗洪大坝。这下他总算放心了，高兴之余还在城东门建了一座百尺高楼，取名"黄楼"，寓意保徐州平安，不再受到洪水侵害。

从此，苏轼这位父母官在徐州老百姓心目中的地位更高了。

| 70

第三章 实干岁月

可怕的"蝴蝶效应"

北宋时期的政治环境,对天下文人是非常友好的,正因为如此,北宋文坛一直生机勃勃,欣欣向荣。前任文坛盟主欧阳修去世后,苏轼成为大家公认的盟主接班人。

想当年,才二十岁出头的苏轼,被文坛盟主欧阳修点名称赞,并在欧阳修的引荐下,得到更多文坛前辈的赏识。如今,"老仙翁"完成自己的使命驾鹤西去,苏轼也应该扛起自己的责任,努力发掘新的人才,让北宋文坛继续发光发亮。

在徐州工作的两年,苏轼不但政绩赫赫,文坛地位也是如日中天,越升越高。很多文人雅士慕名而来,到徐州拜访苏轼,希望得到他的指点。这其中,苏轼结识了两个相当出色的后辈:秦观、黄庭坚。后来他们都成了苏轼最得意的门生,再加上晁补之与张耒,并称"苏门四学士"[2],在各自不同的领域闪耀文坛。

有诗酒相伴,有家人相陪,有工作忙碌,有朋友往来，苏轼对自己在徐州的生活感到满足，如果能一直平静无忧地过下去，似乎也很不错。但苏轼的人生注定与众不同，怎么可能如死水般毫无波澜呢？他在徐州任职这两年，正赶上多事之秋，先是洪水围城，汹涌泛滥，好不容易战胜这场特大洪灾后，百姓又面临着冬天取暖缺柴的大难题。

徐州的冬季，天寒地冻，风雪交加，因全城遭受过洪水冲刷，几乎已没有柴火可用。百姓无法取暖，无法做饭，只能忍饥挨饿，在寒风中冻得瑟瑟发抖。苏轼最见不得百姓受苦，亲自去各处考察、勘探，寻找能够代替木柴的石炭。经过他不懈的努力，终于在徐州白土镇孤山找到了石炭，解决了老百姓烧饭取暖的大问题。

冬去春来，新的一年刚开始，徐州又经历了百年不遇的特大旱灾。这可糟糕了，洪灾刚走，旱灾已至，徐州老百姓的苦难再次降临。苏轼二话不说，虔诚地写下祈雨词，代表百姓去石潭求雨。其实古人求雨这件事，存在很多巧合，但苏轼一生任职各地，多次求雨都能成功，或许也是因为他的真心实意吧。

没过多久，大雨果然下下来，徐州城的旱情得到了缓解，百姓也在雨中高声欢呼。苏轼别提多高兴了，特意选

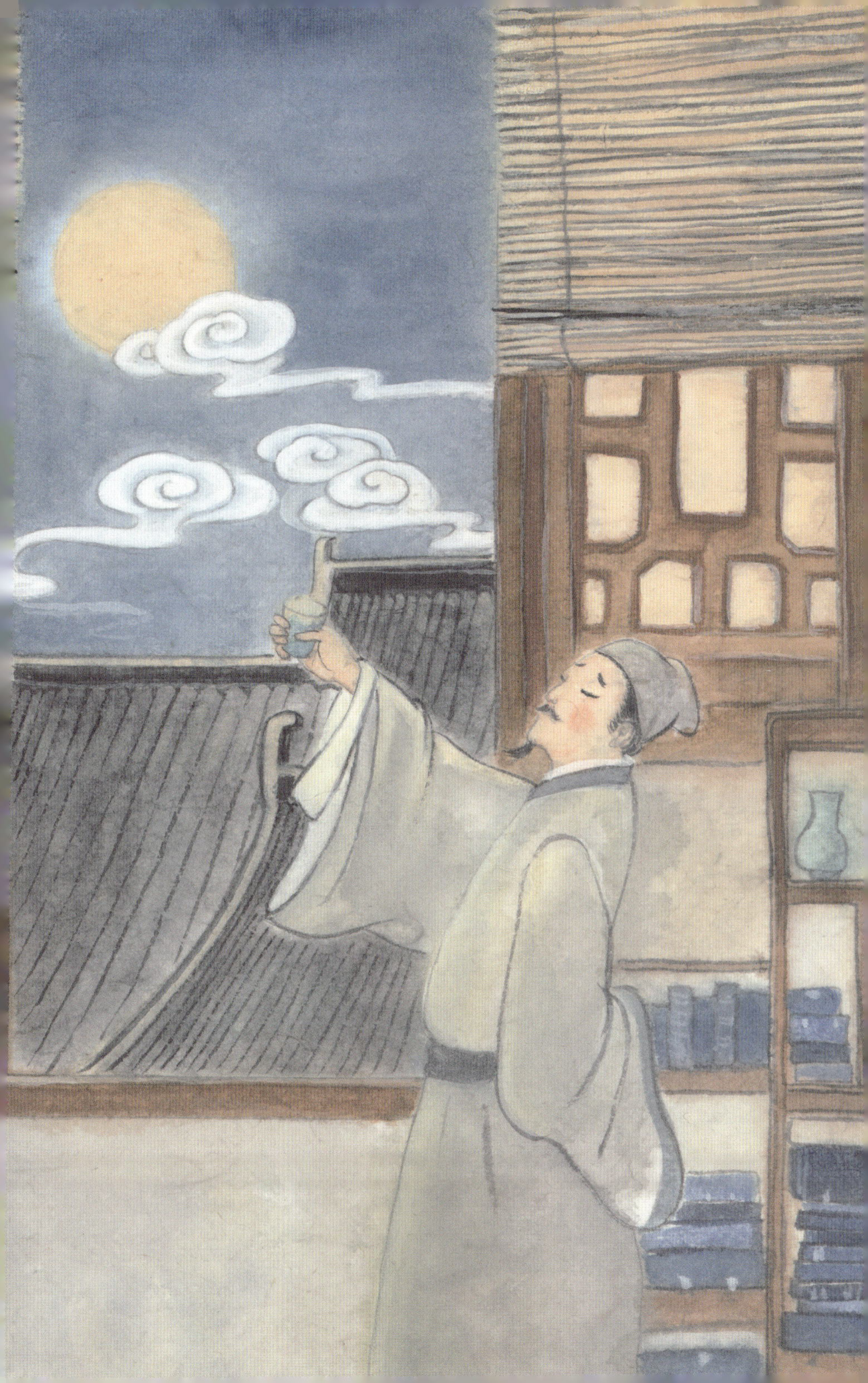

水调歌头·明月几时有

丙辰中秋,欢饮达旦,大醉,作此篇,兼怀子由。

明月几时有?把酒问青天。不知天上宫阙,今夕是何年。我欲乘风归去,又恐琼楼玉宇,高处不胜寒。起舞弄清影,何似在人间。

转朱阁,低绮户,照无眠。不应有恨,何事长向别时圆?人有悲欢离合,月有阴晴圆缺,此事古难全。但愿人长久,千里共婵娟。

好日子去石潭谢雨，乡村四野的老人、妇女、孩童纷纷出来观望，各个笑容满面，喜气洋洋。苏轼看着眼前的情景，心中诗意盎然，连写五首谢雨词，来表达自己的喜悦之情。

麻叶层层苘叶光，谁家煮茧一村香。隔篱娇语络丝娘。
垂白杖藜抬醉眼，捋青捣麨软饥肠。问言豆叶几时黄？
——《浣溪沙·徐门石潭谢雨，道上作五首·其三》

春雨过后，麻叶一层一层向外铺开，互相交错，翠绿光滑，在雨水的滋润下泛着光泽。村内处处飘散着煮茧的清香。隔着篱笆不时听到缫丝女子正在轻声欢笑，细语交谈。

头发花白的老翁拄着藜杖，老眼迷离似醉，捋下麦籽捣成粉末来果腹。我忍不住走上前问道："豆类作物多久才能成熟呢？"

春雨能够滋润万物，来年一定会有好收成，这是苏轼的心愿，也是徐州百姓的心愿。

苏轼作为一州长官，工作勤勉，关心百姓，已成了他生活的日常。徐州监狱关着很多犯人，尽管犯了错，犯了罪，但他们同样也是人，可狱卒不这么想，常常会虐待犯人，让他们生不如死。苏轼知道后，心中很难受，不仅严令禁止狱卒虐待犯人，还派郎中专门去给犯人治病。为此，很多犯人痛改前非，以报答苏轼的恩情。

在徐州期间，苏轼还发现很多强盗是军队里的逃兵，他们受过专业训练，不容易捉拿。后来，苏轼了解到，低级官兵去外地出差，政府不给路费，这些人被逼无奈，才四处哄抢百姓。苏轼想了个好办法，每年从公费中省出一笔钱，用来支付士兵的差旅费，专款专用，后顾无忧。

苏轼为徐州百姓做了这么多好事、实事，不但百姓深深爱戴他，连皇帝也想将他召回京城任职。可谁都没想到，他竟被卷入一场无妄之灾，迎来了此生最昏暗的时刻。

说起来，这件事一点儿也不复杂，就是可怕的"蝴蝶效应"。"蝴蝶效应"是一种很玄妙的现象，据说一只小小的蝴蝶，突然扇动几下翅膀，竟引发了千里之外一场巨大的龙卷风，令人感到不可思议。

苏轼遭遇的这场人生风暴，是从一件小事开始的，结果越闹越大，越闹越凶，完全超出了想象和掌控，苏轼还差点儿丢了性命。

宋神宗元丰二年（1079），苏轼调任湖州知州。离开徐州时，全城百姓出门相送，令苏轼十分不舍。但天下没有不散的筵席，四十二岁的苏轼再次启程，踏上新的征途。

到任湖州后，苏轼依照惯例，给神宗皇帝写了一份就职感谢信，名《湖州谢上表》，将自己的所思所想告诉皇帝，再说说皇帝的好话，哄皇帝开心。原本应该是这样的，可苏轼性情耿直，看不过眼的事不吐不快，就顺便在奏疏中发了几句牢骚。这下朝廷那帮视他为"眼中钉"的小人们终于逮到了机会，故意曲解苏轼的意思，向神宗皇帝告状，集中火力弹劾他。

此时，远在湖州才上任三个多月的苏轼，压根儿就没想过，会因自己说的话、自己写的字而迎来一场生死之灾。

乘风归去的
苏轼

"乌台诗案"如噩梦

有些话，古人是通过血的教训总结出来的，以警醒后世的我们。譬如：言多必失，祸从口出。别看只是简简单单几个字，有时说错几句话可能真的会招来杀身之祸，令人胆战心惊，终生难忘。

然而，这么可怕的事，偏偏给北宋大文豪苏轼赶上了！或许也是注定吧，苏轼太过耿直，且能言善辩，言辞犀利，口无遮拦，自己发泄一番痛快了，但很容易被怨恨他的人抓住把柄。

苏轼写给皇帝那封《湖州谢上表》只是一个小小的导火索，单凭里面几句牢骚话就想惹怒皇帝、扳倒苏轼，显然是不够的。于是，朝廷那帮奸佞小人揪着这根小辫子不放，专门从苏轼以前创作的诗词、文稿、书信中翻找各种各样的"不敬之语"。这些所谓罪证的东西，只要想找，总会有的，更何况苏轼是当时赫赫有名的文坛盟主，他随便写几首诗、几句词、几篇文章，立刻就会成为畅销榜冠军，迅速传遍大江南北。

正因为如此，朝廷中嫉恨苏轼的那帮人，很快就找到了"证据"，接二连三地给神宗皇帝打报告，说苏轼不知感恩，故意侮辱皇帝，还有谋反之心！这下闹大了，神宗皇帝也拿不准了。本来呢，神宗皇帝一直很欣赏苏轼，甚至有一点儿"惯着"他，并没在意那些弹劾他的报告，可天天有人在耳边说苏轼的坏话，而且越说越玄乎，神宗皇帝就开始动摇了，想召苏轼回京问问。

再说苏轼这个人，性情豁达乐观，不拘小节，有才华、有能力、有见识、有本事……这些都不假，但他藏不住心事、管不住嘴，容易惹人厌、招人恨，这些也不假。弟弟苏辙曾无数次提醒过他，要谨言慎行，少说话、多做事，免得给自己招来祸端。苏轼却不当回事，反驳弟弟道："明明嘴里吞着苍蝇，不吐出去怎么能行呢？"话虽如此，可没多久，横祸还是来了。

宋神宗元丰二年（1079）七月，苏轼在湖州当一把手才几个月，突然就被抓去京城了。在此之前，他已经接到弟弟苏辙传来的消息，说朝廷要治他的罪，派去抓他的人很快就到。

苏轼一听，懵了。

怎么回事？我做了什么？为什么要抓我？

苏轼完全猜测不到自己未来的命运，只感到眼前一片漆黑，在湖州府衙坐立不安。据说，当朝廷官差到来时，苏轼吓得躲在内堂不敢出来，甚至慌乱地问下属："我现在成罪人了，是穿官服还是穿囚服呀？"最终，苏轼还是穿着官服出去接旨。

本来苏轼就害怕了，奉命前来的官差还故意吓唬他，板着脸、不说话，死死地盯着他，那氛围真是要多恐怖有多恐怖。双方"僵持"半天，苏轼自己憋不住了，豁出去道："我自知今天死定了，请让我和家人告个别。"官差听完，也觉得自己演过了，尴尬地回答："没这么严重。"原来，朝廷下发的公文只是免去苏轼的官职，进京接受调查，根本没有定他的罪。

家人得知消息后，当场哭作一团，不知所措。那些官兵像强盗一样，到处搜找苏轼的手稿、作品，吓得孩子哇哇大哭。官兵离开后，苏轼的妻子王闰之怕再招来祸事，一边哭一边将他的文稿丢入火盆，烧成了灰烬。

苏轼被抓走时，湖州百姓沿途相送，纷纷落泪。百姓们都知道，苏轼是个为国为民的好官。据说，去往京城途中，苏轼曾想过跳湖自尽，又怕连累弟弟苏辙和其他朋友，最终还是忍住了。

来到京城后，苏轼被关进了御史台[3]监狱。那是一段最昏暗、最绝望的日子，小小的牢房，漫长的审问，阴森的黑夜，无尽的等待……构成了最残酷的精神折磨。在暗无天日的牢房里，苏轼感觉自己就像被剪断翅膀的鸟，不但失去了飞翔的自由，还面临着对死亡的恐惧。

坐牢时，苏轼与儿子苏迈约定了暗号：如果情况不好，就送鱼给他。有一天，苏迈外出去办事，拜托一位朋友来送饭菜。朋友好心给苏轼送了一条鱼，苏轼吓得差点儿晕倒，以为自己死定了，写下两首诀别诗，托狱卒交给弟弟苏辙，帮忙安排后事。

圣主如天万物春，小臣愚暗自亡身。
百年未满先偿债，十口无归更累人。
是处青山可埋骨，他年夜雨独伤神。
与君世世为兄弟，更结来生未了因。

——《狱中寄子由二首·其一》

当今皇上圣明贤德，如同掌控万物的天神一般，使得国家春意盎然，生机勃勃。身为微臣的自己愚昧无知自蹈死地。算是提前偿还了前生的孽债，却连累家中妻儿等十几口人，只能托付给弟弟费心帮忙了。

死何足道哉，到处的青山都可以埋葬骨骸。只不过，当年与弟弟相约夜雨对床的盟誓再也无法实现，此后夜雨潇潇的时刻，子由只能独自伤心了。但愿世世代代都能与你做兄弟，来生再续我们的兄弟情缘。

短短一首七言诗，表达了浓浓的手足情。后来，神宗皇帝也读了这首诗，发现苏轼从没恨过自己，也没怨过自己，皇帝心中充满了感动。原本皇帝就没想过杀他，如今更舍不得了。朝堂中还有很多人挺身而出，纷纷为苏轼求情：苏辙宁愿舍弃一身官职，恳求保兄长一命；退休在家的王安石及其弟弟王安礼，也都请求皇帝赦免苏轼。还有一位高高在上的重量级人物——神宗皇帝的祖母、太皇太后曹氏，在自己重病弥留之际，仍不忘叮嘱孙儿："一定要放了苏轼。"

于是，神宗皇帝下令：苏轼贬到黄州（今湖北黄冈），充任团练副使，不准擅自离开，不许签署任何公文。也就是说，苏轼去了黄州后，老老实实待着就行，其他什么也别想做。

这次因诗词而惹祸的政治事件，历史上称为"乌台诗案",前前后后持续了四个多月,三十多人受到牵连和处分,真是一场恐怖的噩梦啊!

注释

[1]豪放派:豪放派的创作视野宽广,气势磅礴恢宏,不拘守音律,显得豪放大气。代表人物有苏轼、辛弃疾。豪放派与婉约派是我国宋词两个代表流派。婉约派侧重儿女情长,音律婉转和谐,有一种柔婉之美。代表人物有李煜、柳永、晏殊、秦观、李清照等。

[2]苏门四学士:北宋时期苏轼门下四个弟子的合称,即秦观、黄庭坚、晁补之、张耒。他们各有才华,擅长领域也不尽相同。秦观在诗、词、赋的造诣上很出众;黄庭坚在文学、书法上都很有成就;晁补之精于诗文,也擅长书画,是个多面手;张耒文采斐然,去世最晚,是北宋中晚期重要的文学家。

[3]御史台:我国古代官署名称,古代国家最高监察机构,主要负责监察、弹劾百官,复查疑狱。设置于东汉时期,一直持续到元朝末年。因御史台官署周围种植很多柏树,常年有乌鸦栖息,故又称"乌台"。

诗词延伸

望江南·超然台作

春未老,风细柳斜斜。试上超然台上看,半壕春水一城花,烟雨暗千家。

寒食后,酒醒却咨嗟。休对故人思故国,且将新火试新茶,诗酒趁年华。

词意

春天还没有过去,微风习习,柳枝轻轻摇曳,随风起舞。登上超然台向远处望去,护城河内半满的春水微微闪动,城中则绽放着五颜六色的春花。更远处,家家户户的瓦房笼罩在烟雨之中。

寒食节过后,每次酒醉醒来,总会思念故乡而叹息不已,只能自我安慰:不要在老朋友面前思念故乡了,姑且坐下来,点上一些新火烹煮刚采的新茶吧!作诗饮酒都要趁年华尚在、青春飞扬的时候呀!

词说

这首词采用借景抒情的写法，表达了词人对故乡故人的思念之情，及壮志难酬的无奈。但词人并没有因此颓丧，反而坚持自己的豁达与洒脱，写出了超然的最高境界。全词含蓄深沉，短小玲珑，妙语连珠，自然清新。

江城子·别徐州

天涯流落思无穷。既相逢，却匆匆。携手佳人，和泪折残红。为问东风余几许，春纵在，与谁同？

隋堤三月水溶溶，背归鸿，去吴中。回首彭城，清泗与淮通。欲寄相思千点泪，流不到，楚江东。

词意

渺渺红尘，漂泊不定，人在天涯如同一叶浮萍，愁绪无尽无穷。既然缘分让我们相逢，为什么又要匆匆离别呢？在我临行之时，握着佳人的纤纤玉手，道不尽离愁别恨，只能对着漫天落花泪眼蒙眬。或许春意仍在，可温暖的东风还留下多少？罢了，纵使春光尚存，又能与谁共赏呢？

  三月的隋堤春水溶溶，水面波光粼粼。鸿雁向北飞回故居，我却反向而行，南去吴中湖州。再回头远望徐州，城墙已渐渐模糊，只见清澈的泗水与徐州的淮河连成一片。我将相思的眼泪托付给泗水，让它带入徐州城，却流不到楚江的东面啊！

词说

  此词是苏轼离任徐州时的作品，化用李商隐《无题》诗中"相见时难别亦难，东风无力百花残。春蚕到死丝方尽，蜡炬成灰泪始干"句意，将积郁的愁思注入景物之中，采用化虚为实的手法，抒发了词人对徐州风物人情的留恋之情，风格婉转，余韵悠长。

第四章　自我修行
（1079—1086）

从此，苏轼慢慢变成了"苏东坡"，整天穿着草鞋踩着泥，在田里挥汗如雨地干农活，一会儿风吹一会儿日晒，他的脸变黑了，手变粗糙了，但不知不觉间笑容也变多了。那个曾经想乘风归去的苏轼，抛却仙人般高高在上的姿态，过上了人世间普通百姓的生活。

乘风归去的
苏轼

尝试与孤独相处

人生在世，总会有风风雨雨；红尘路远，少不了起起落落。很多时候，我们要学着承受，学着面对，学着与坚强相伴，学着与孤独相处，让自己在泥泞中慢慢成长。

普通人是这样，大文豪也不例外。

宋神宗元丰二年（1079），苏轼因"乌台诗案"被捕入狱，诚惶诚恐地熬了一百多天，最终重获自由。当他离开监牢，仰头呼吸外面的新鲜空气时，仍然有些惊魂未定，可想而知他的心理阴影面积多么大。

这场突如其来的无妄之灾，就像天空中猛然落下一记重锤，将苏轼砸得眼冒金星、晕头转向，直接坠入了人生的谷底。但至少，脑袋还在，命保住了，他赢得了自己的清白，也赢得了世间的公道。

元丰三年（1080）正月初一，别人都忙着放鞭炮、过大年呢，苏轼却在大儿子的陪同下，顶着寒风去往黄州。当时，他才刚刚出狱三天，甚至还没来得及与家人见上一

第四章 自我修行

面,就被朝廷那帮小人催着离开。为什么这么着急呢?因为那帮人本想借着"乌台诗案"置苏轼于死地,可到头来白忙活一场,苏轼虽然被贬黄州,但性命无忧,活得好好的,那帮人咽不下这口气,只能故意刁难他,将他快快赶出京城。

北宋时期,黄州只是长江边上一个小城,偏僻落后,潮湿多雨,环境不太好。刚来黄州时,到处人生地不熟的,苏轼心中不免有些愁苦。他和大儿子连个容身之地都没有,只能暂时借住在黄州定慧院。定慧院位于一座山坡上,林木掩映,郁郁葱葱,是个修身的好地方。

定慧院的僧人很友善,不但让苏轼白吃白住,还会给他宣讲禅经佛法,帮忙纾解他的低落情绪。苏轼当然非常感激,可这时的他,仍没有走出"乌台诗案"的阴影,常会不由自主地陷入惶恐,回想起那段暗无天日的痛苦经历……

白天,苏轼会在寺庙里闲逛,更多时间则是躺在床上呼呼大睡。他好像真的累了,躺平了,不想再挣扎,也不想再奋进,安安静静生活就好。或许他是真的怕了,一场"乌台诗案"令他差点儿丢了性命,还连累了不少知心好友。曾经,他是那么乐观豁达,那么豪爽洒脱,那么心直口快；如今，他宁愿闭紧嘴巴，歪头睡大觉，也不敢再多言多语，甚至给朋友写信时都要在结尾备注一句："看完后，就赶紧烧掉。"这样畏畏缩缩、小心翼翼的苏轼，显得陌生而遥远，仿佛根本不是他自己，令人既心疼又无奈。

到了夜晚，定慧院的僧众休息后，苏轼才慢吞吞地离开房间，一个人出来散散步，独自享受这万籁俱寂的宁静。偌大的庭院中，月光清冷，树影交错，苏轼幽幽地叹气，黯然神伤。他是多么喜欢交友、喜欢热闹的人呀，可现在，他必须学着远离朋友，尝试与寂寞相处，忍受无尽的孤独。

望着夜空中的残月，看着自己彷徨的身影，苏轼心中百感交集，强忍许久的诗性喷涌而出，一首《卜算子》自此诞生，绵远流长。

缺月挂疏桐，漏断人初静。时见幽人独往来，缥缈孤鸿影。

惊起却回头，有恨无人省。拣尽寒枝不肯栖，寂寞沙洲冷。

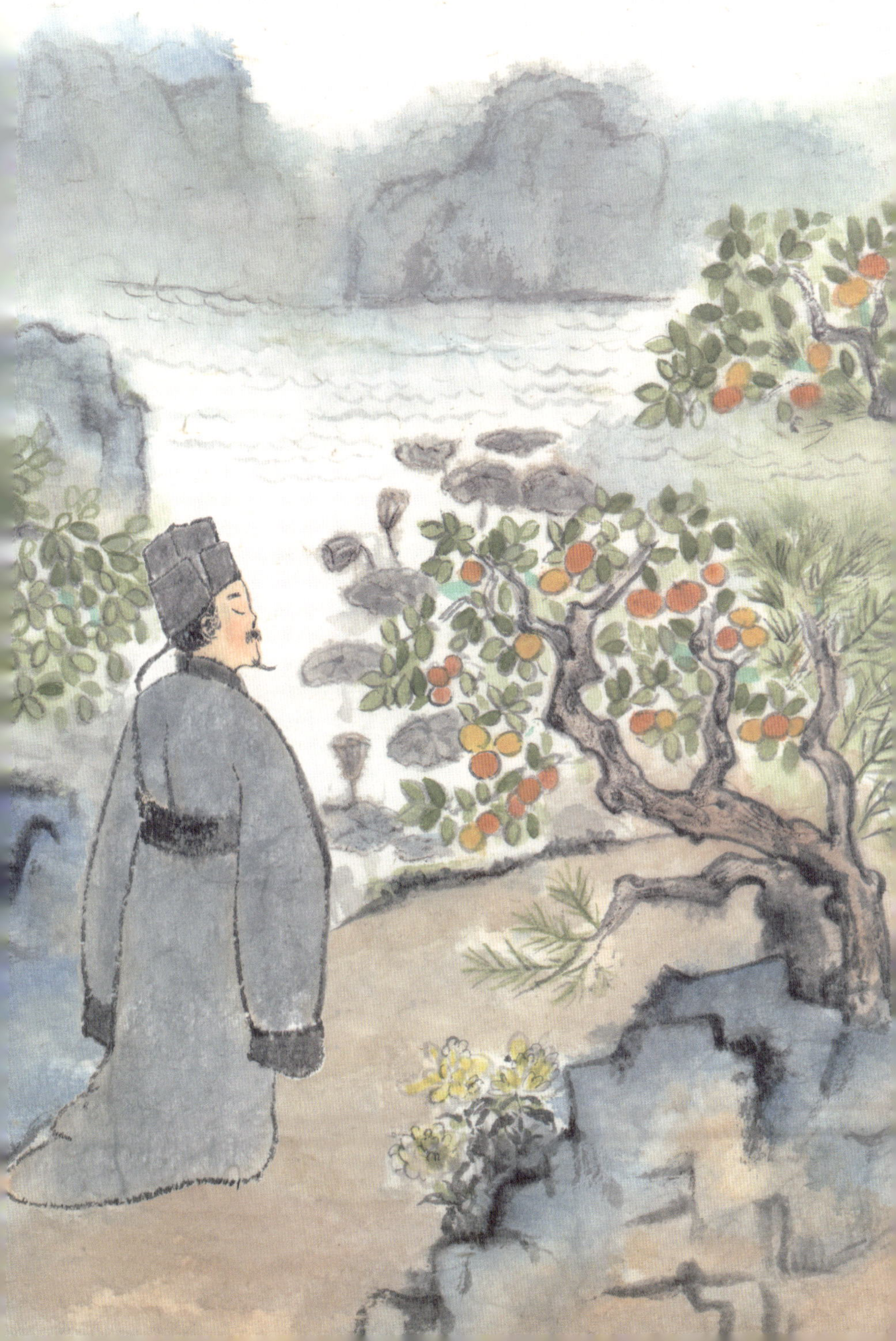

赠刘景文

荷尽已无擎雨盖,

菊残犹有傲霜枝。

一年好景君须记,

最是橙黄橘绿时。

第四章 自我修行

一轮弯弯的残月，挂在枝叶稀疏的梧桐树梢；漏壶里的水已经流尽了，人声也渐渐安静下来，万籁俱寂。有谁见到我这个幽居的人，在月光下独自走来走去呢？就像一只孤雁偶然留下的踪影。

猛然间惊起，我回过头去看，却没有一个人。有谁能懂我心中的悔恨与孤独呢？漫漫长夜里，孤雁在梧桐树间飞来飞去，拣遍寒冷的树枝，也找不到一处落脚的栖息地，最终选择落在荒凉清冷的沙洲上。

在苏轼看来，自己就像一只寒夜中的孤雁，虽然看不到未来的希望，但仍坚守信念，不愿意将就，不愿意与世俗同流合污。

几个月后，苏轼的家人在弟弟苏辙的护送下也来到了黄州。"乌台诗案"期间，苏辙为保哥哥性命，宁愿舍弃自己一身官职，如今被牵连只做了个小酒监，日子过得越来越穷。果然是感情深厚的两兄弟，无论地位，还是收入，一直同进同退，贫富相通，荣辱与共。

本来呢，苏轼一个人还能在寺院里蹭吃蹭喝，现在全家人都来了，总不能继续住寺院吧？可他这次被贬黄州，属于戴罪流放，团练副使只是个虚职，没有权力，没有事做，也没有地方住。苏轼开始焦虑了，忍不住自言自语道:"一大家子都来了,不能再混吃混喝了,要先找个地方住下。"幸好,鄂州知州朱寿昌与苏轼关系不错,让他全家搬进临皋亭居住。

临皋亭位于江边,是一间废弃不用的公家驿站,简陋而狭小,几十口人很拥挤,而且冬寒夏热,住着一点儿也不舒服。苏轼完全不介意,还称临皋亭是人间仙境,每当他午睡醒来,吹着徐徐而过的江风,望着氤氲的水雾和来往的船只,就会觉得心旷神怡、痛快无比。不管怎样,住房问题顺利解决,全家人有了遮风挡雨的地方,苏轼总算松了一口气。

于是,黄州生活正式开始!

苏轼不再自暴自弃,重新打起精神,恢复以往的活力,希望在自己人生的谷底也能够找到别样的精彩。

第四章　自我修行

当个农夫也不错

　　常言道：民以食为天。天有多大，食物就有多重要。无论身在何处，路在何方，人人都离不开一日三餐，谁也逃不掉肚子"咕咕咕"的交响曲。苏轼被贬黄州后，虽然顶着团练副使的官职，但这是个虚位，没吃没喝没实权，想要丰衣足食必须自己动手。

　　在朋友的帮助下，全家人的住房基本有了保障，苏轼心里的一块大石头也算落了地。现在摆在苏轼面前另一个迫切需要解决的问题，是怎样填饱一家老小的肚子，让大伙儿能有口饭吃。按理说，苏轼当官这么多年，工资收入和福利待遇都不错，应该有些积蓄才对，怎么可能养不起家呢？主要是他真的很不擅长理财，有钱时大手大脚；没钱时瘪着肚子，忍饥又挨饿，掰着手指头数数，日子越过越穷。

　　如今全家人在黄州，生活总是捉襟见肘，苏轼不着急才怪！他在心里告诉自己，要勤俭节约，省着花钱。为此，他开始用一种"特殊"的方式来记账：每个月月初，将当月的预算拿出来，分成三十份，整整齐齐挂在房梁上，每天只能用一份。要是哪天有余钱，就存在一个竹筒储钱罐里，等着以后招待客人用。就这样，苏轼带着全家人精打细算，总算熬过了一年。

宋神宗元丰四年（1081），苏轼一家的生活日益贫困，那点儿老本几乎花光光，再怎么节省也没用，眼看着就要揭不开锅了……好在，天无绝人之路！苏轼有个叫马梦得的朋友，及时出手帮忙，替他从官府申请了一块废地，可以用来耕田种庄稼。别说，这块地面积还挺大，足足有几十亩，收拾出来肯定是一片广袤的大农场。但眼前，地里长满荆棘，处处都是碎石子、破瓦砾，想要开荒种田恐怕是个超级大工程。

不管怎样，能够有块土地自给自足已经很幸运了。苏轼不怕辛苦，也不怕麻烦，心里还觉得很满足。于是，他撸起袖子，挽起裤管，带着全家老小在地里捡石子、除瓦砾、割荆棘、平土块，热火朝天地干了起来。由于这块地在黄州城东边的土坡上，苏轼就给它起名为"东坡"，自己也号称"东坡居士"，成了这块废地的主人。

现在，苏轼真的放下笔杆子，化身为黄州农夫了。他和家人辛苦卖力将荒地开垦出来，当然要好好使用才行：有些地方种小麦，有些地方种稻谷，有些地方种蔬菜，有些地方种果树，旁边还建了一个小鱼塘……在苏轼的精心照料下，农作物长势喜人，果蔬一片翠绿。当微风徐徐吹来，鱼塘水面泛起层层波澜，麦苗轻轻摇曳，树叶沙沙作响，野花团团簇簇，绽放出五颜六色，蜻蜓、蝴蝶飞来飞去，翩翩起舞，一切是那么美好娴静，充满了诗情画意。

从此，苏轼慢慢变成了"苏东坡"，整天穿着草鞋踩着泥，在田里挥汗如雨地干农活，一会儿风吹一会儿日晒，他的脸变黑了，手变粗糙了，但不知不觉间笑容也变多了。那个曾经想乘风归去的苏轼，抛却仙人般高高在上的姿态，过上了人世间普通百姓的生活：日出而作，日落而息，辛勤劳动，自给自足，与农民、渔夫、药师、屠户等交朋友、闲聊天，大伙儿说说笑笑，没有心机，没有算计，坦诚而自然，平凡而快乐。

后来，苏轼又在自己的农场旁边盖了一座房子。房子建成时，正赶上天空下起大雪，纷纷扬扬，漫天飞舞。望着眼前的美景，苏轼瞬间来了灵感，给房子取名"雪堂"。平日里，苏轼在雪堂吟诗作画，招待朋友，大家一起热闹热闹。闲暇时,他也会和朋友四处走走,谈天说地,开心开心。

这年暮春三月,苏轼去蕲水清泉寺游玩,看到寺前西流的兰溪,突然有感而发,写下一首《浣溪沙》:

游蕲水清泉寺,寺临兰溪,溪水西流。
山下兰芽短浸溪,松间沙路净无泥。萧萧暮雨子规啼。
谁道人生无再少?门前流水尚能西!休将白发唱黄鸡。

出游蕲水清泉寺,寺庙在兰溪的旁边,溪水向西流淌。

山脚下的兰草,刚抽出嫩绿的幼芽,浸润在潺潺流动的溪水中;松林间的沙路,被雨水冲得干干净净,一尘不染。傍晚时分,细雨潇潇,一声声杜鹃的鸣叫从林中传了出来。

谁说人生不能再回到少年时期呢?瞧瞧门前的溪水,还能向西边流淌呢,不要在老年感叹时光飞逝一去不返啊!

年华易逝,人生匆匆,但在苏轼看来,这根本算不了什么。无论岁月留下多少痕迹,只要自己的心态不老,就会永远年轻，永远蓬勃向上。

苏轼在黄州做农夫，很多事要亲力亲为，但他一点儿也不觉得累，反而喜欢上了忙碌的田园生活。这里清净闲雅，远离尘世喧嚣，坐看日出日落，与清风为友，与明月相伴，品品茶、喝喝酒、写首诗、做幅画，自由自在，无拘无束，守着简单而平凡的幸福，多好！

生活不只眼前的苟且，还有诗和远方，要学会苦中作乐，要创造素淡中的多彩。不管怎么说，苏轼就算将自己活成了农夫，也是一个才情焕发、格调高雅的农夫。

黄州猪肉便宜，但富人看不上，穷人不会烹。苏轼一向爱吃肉，认为猪肉是物美价廉的好食材，关键是怎么去做。他将猪肉洗净切块，放入锅里加水，小火慢炖，直到肉质软烂，吃起来相当美味。据说，有名的"东坡肉"就是他在黄州发明出来的。后来，他又一次次展现自己的美食天赋，创造了"东坡鱼""东坡羹""东坡汤"等一系列东坡菜系，流传后世上千年。难怪有人开玩笑地说，苏东坡其实是一位被文学耽误的美食家！

瞧！无论何时何地，苏轼都能将生活过得丰富多彩。因为，他有一颗乐观豁达的心，让他不畏困难，不惧失败，勇敢向前！

> 乘风归去的苏轼

泛舟赤壁逍遥游

时光飞逝，苏轼已经来黄州两年了。这段日子里，他爱上了田园生活，成了一个快乐的农夫，也完成了自我修行、自我蜕变。以前的苏轼，心直口快，尖锐犀利；现在的他，仿佛什么都看开了，不以物喜不以己悲，始终保持乐观温和的态度，不再焦虑，不再忧郁，真真正正享受生活。

苏轼刚刚被贬黄州时，很怕连累朋友，主动切断了与朋友的联系。现在生活逐渐走上正轨，他又发挥出自己的社交强项，在黄州建立了新的朋友圈：黄州知州、鄂州知州都是他的崇拜者，常常来拜访他、看望他；诗僧参寥(liáo)子[1]在他家一住就是一年；还有意外重逢的老朋友陈季常，动不动就跑来他家。这个陈季常不是别人，正是苏轼做凤翔通判时最爱顶撞的上司——陈希亮的小儿子。

于是，苏轼的生活又忙了起来，不是他跑出去找别人玩，就是别人跑来找他玩。朋友相聚时，欢欢喜喜，热热闹闹，苏轼非常开心；朋友不在时，苏轼会静静地独处，沉下心搞创作，书法、绘画、诗词轮番上阵，很多脍炙人口的名作也由此诞生。

还是那句话，虽然苏轼成了农夫，但他绝对是个与众不同的农夫。这不仅仅表现在他的生活格调上，还在于他那辅君安邦、为国为民的心！看着百姓受苦受难，他悲痛伤怀；看着权贵胡作非为，他怒不可遏；看着国家战火纷飞，他心急如焚……在黄州，他不能参与政务，但仍心怀柔善，尽力而为。

由于黄州贫困落后，民众思想还没开化，有很野蛮的溺婴恶俗。苏轼听说后，又着急又难过，赶紧给知州写信，请求革除恶俗。没多久，苏轼带头与朋友们成立了一个"救儿会"，向当地富人募捐财物，送给那些养不起孩子的穷困家庭。苏轼作为发起人之一，虽然自己生活紧巴巴的，但他每年都会捐出一笔钱，支援"救儿会"。

苏轼的正义与善举，影响了越来越多的人，大家都想与他做朋友，都愿意围在他的身边。正如那句话所说：你若盛开，蝴蝶自来！苏轼就是一束光，一束充满爱与温暖的光。

元丰五年（1082）暮春，苏轼和朋友去沙湖游玩，一路上谈笑风生,非常开心。可三月的天气就像小孩子的脸,说变就变,瞬间乌云密布,雨点吧嗒吧嗒掉下来。同伴们遮头躲雨,纷纷抱怨,苏轼笑着在雨中漫步,灵感激发,一首《定风波》脱口而出:

三月七日,沙湖道中遇雨,雨具先去,同行皆狼狈,余独不觉。已而遂晴,故作此词。

莫听穿林打叶声,何妨吟啸且徐行。竹杖芒鞋轻胜马,谁怕?一蓑烟雨任平生。

料峭春风吹酒醒,微冷,山头斜照却相迎。回首向来萧瑟处,归去,也无风雨也无晴。

三月七日,在沙湖道赶上下雨,带着雨具的仆人先走了,同行的人都感到很狼狈,我却不这么觉得。过一会儿天晴了,就作了这首词。

不要在意那些穿林打叶的雨声,不妨像平时那样哼着小曲从容而行。拄着竹杖,穿着草鞋,走得比骑马还要轻快,这有什么可怕的?一身蓑衣任凭风吹雨打,照样过我自己的日子。

春风微凉,酒意渐醒,身体略微感到一些寒冷。此

第四章 自我修行

时，山头上斜阳已露出了笑脸。回头望一眼刚才遇到风雨的地方，回去吧，对我来说，既无所谓风雨，也无所谓天晴。

苏轼就是这样，在风雨面前不退缩、不抱怨，勇敢迎接，坦然而行。这是多么豁达豪放的心胸啊！

黄州的生活稳定后，苏轼与家人也安心下来。此时，丫鬟朝云已成苏轼的侍妾，与妻子闰之一起操持家务，照顾孩童。如今家庭和睦，日子越过越顺，苏轼又将重心挪到了国家大事上。

宋朝军队最近在与西夏交战，却被打得落花流水，以惨败而告终。苏轼难过极了，随朋友出游黄州城外的赤壁矶散心，望着汹涌奔腾的江水和翻卷冲天的浪花，回想起三国那场以弱胜强的赤壁之战[2]，不禁涌出万丈豪情，写下千古名篇《念奴娇·赤壁怀古》：

大江东去，浪淘尽、千古风流人物。故垒西边，人道是、三国周郎赤壁。乱石穿空，惊涛拍岸，卷起千堆雪。江山如画，一时多少豪杰。

遥想公瑾当年，小乔初嫁了，雄姿英发。羽扇纶巾，谈笑间、樯橹灰飞烟灭。故国神游，多情应笑我，早生华发。

乘风归去的苏轼

人生如梦,一尊还酹江月。

长江之水滚滚不断,浩浩荡荡向东流去,淘尽了历史上一代又一代功名显赫的英雄人物。那旧营垒的西边,据说是三国时期周瑜大破曹兵的赤壁。看那岸边乱石林立,高耸入云,仿佛要刺破天空一般;惊天巨浪猛烈拍打着江岸,激起的浪花好似千万堆白雪。江山壮丽雄伟,美如画卷,一时间涌现出多少英雄豪杰。

遥想当年的周瑜,小乔刚刚嫁给他为妻时,他定是英姿勃勃,风度翩翩,光彩照人。手中摇着羽扇,头上戴着纶巾,从容谈笑之间便将强敌的战船烧得灰飞烟灭。如今,我身临古战场神游往昔,只可笑我有这么多的怀古柔情,竟如同未老先衰般长出了满头白发。人生就犹如一场大梦,举起酒杯来祭奠这万古长存的明月吧。

苏轼对赤壁有着别样的欣赏与喜爱,如同他心中屹立不倒的信念,当年有多豪迈,今日就有多凄凉,但万古长空之下,赤壁依然,从未改变。除了这首《念奴娇·赤壁怀古》,苏轼还写了《前赤壁赋》和《后赤壁赋》。这两赋一词,激情澎湃,气势磅礴,前无古人,后无来者,苏轼从此封神!

第四章 自我修行

又是一年"分别季"

人生是一场漫长的旅行,岔路很多,走走停停,沿途风景不断变换,刚刚沉醉其中,又要重新启程。相遇便是缘分,珍惜所有过往;离别亦要从容,留下美好回忆。

不知不觉间,苏轼在黄州居住快五个年头了,连他自己也没想到会被朝廷"流放"这么久。五年的时光,他守着田园生活,渐渐磨平了棱角,收敛了心性,有空陪陪家人,约约朋友,开始注重养生。毕竟岁月不饶人,现在的苏东坡已近知天命之年,身体越来越差了。

宋神宗元丰六年(1083),朝云生了个儿子,苏轼非常高兴,给孩子取名苏遁(dùn),并写了一首诗,希望儿子将来不必太聪明,只要一生平安就好。反观苏轼自己,聪明绝顶,才华横溢,还不是差点儿丢了性命?

原本初到黄州时,苏轼也曾期待早日回京,继续为国家干大事。可五年过去了,朝廷似乎把他忘记了,他也习惯了安闲自在的半归隐生活,甚至打算就这样留在黄州养

乘风归去的苏轼

老了。

一个深秋的夜晚，月色如纱，静谧美好。苏轼正准备上床睡觉，见月光洒入房间，心里突然变得痒痒的，怎么都睡不着了。他挑眉一笑，自言自语道："要是辜负了这么美的月色，老天爷会惩罚我的。不行，我要去赏月！"于是，他爬起身，乘兴去往附近的承天寺，找朋友张怀民一起赏月。说起这位张怀民，史书记载的资料很少，他也和苏轼一样被贬黄州，因初来乍到没地方容身，暂时居住在承天寺里。

苏轼与张怀民志同道合，都是品德高逸之人，心胸豁达，性情相投。苏轼走出家门，直奔承天寺。他估计张怀民也是心事重重，翻来覆去睡不着，正好两人趁着月色夜游一番。于是，一篇佳作《记承天寺夜游》应运而生。

元丰六年十月十二日夜，解衣欲睡，月色入户，欣然起行。念无与为乐者，遂至承天寺寻张怀民。怀民亦未寝，相与步于中庭。庭下如积水空明，水中藻、荇交横，盖竹柏影也。何夜无月？何处无竹柏？但少闲人如吾两人者耳。

第四章 自我修行

元丰六年十月十二日夜晚,我正准备脱衣服睡觉,恰好见到月光从门户照进来,不由得心中一动,高兴地起身出门夜游。

已经夜深人静,想不到有谁能和我同游,就去承天寺找张怀民。正好张怀民也没睡呢,我俩就一起在庭院中散步。

月光照耀着整个庭院,如同积满清水一般晶莹透明。院中竹子与松柏缠绕的影子,就像水藻、水草那般纵横交错。其实,哪一个夜晚没有月亮呢?哪个地方没有竹子和松柏呢?只是缺少两个像我们这样清闲的人罢了。

苏轼用这篇短短的小散文,将自己对人生的感悟巧妙地表达出来。虽然朝廷忘记了他,但他始终志存高远,想报效国家,这是一种多么无奈的悲哀呀!

其实,苏轼这次真的想错了。

远在京城的神宗皇帝,从来没有忘记他,还常常关注着他。苏轼在黄州过着自己的小日子,皇帝却在深宫读着他的诗词下饭。坦白说,神宗皇帝一点儿也不厌恨苏轼,甚至有些想念他,曾好几次想把他从黄州召回来,都被反对党朝臣拦下了。不过,皇帝坚持要起用苏轼的话,任何人也阻止不了!

于是，宋神宗元丰七年（1084）正月，京城的圣旨来了，苏轼由黄州调任汝州（今河南汝阳）。虽然官职没有什么变化，但距离京城近了许多，苏轼终于能从楚地回到中原了。

手里握着迟来的圣旨，苏轼心中百感交集，说不出是什么滋味：有激动，有期待，也有伤感和不舍。一边是安定的隐居生活，一边是颠簸的家国理想，到底该怎么选呢？

终是圣命难违，苏轼要与黄州分别了。他将心爱的雪堂、东坡和各种果树托付给邻居看管，请朋友在天晴的时候帮他晒晒蓑衣，将来他还想回到黄州，继续吃鱼喝酒，泛舟赤壁。当地的父老乡亲舍不得他，纷纷前来送行，含泪目送他登船而去。

这次苏轼离开黄州，事先与长子做了分工：他先去筠州（今江西高安）探望弟弟苏辙，长子带着家人直奔九江，双方会合后再前往汝州。当初，因"乌台诗案"的牵连，苏辙被贬到筠州做了个小酒监，已经四年多没有与哥哥苏轼见过面了。两兄弟虽然常有书信来往，互相倾诉彼此的心事，但怎么都不如面对面来得更亲近、更欣喜！

去往筠州途中，苏轼与诗僧参寥子一同游览了庐山。

山间云雾缭绕，巨石高耸险峻，瀑布飞流直下，雄伟而壮观。苏轼越看越沉醉，越看越欢喜，忍不住诗性大发，连续写了三首游庐山的诗。其中，最有名的是那首《题西林壁》，深富哲理，令人回味无穷。

> 横看成岭侧成峰，远近高低各不同。
> 不识庐山真面目，只缘身在此山中。

苏轼一生创作诗词无数，但哲理诗较少，一首《题西林壁》在庐山横空出世，迅速红遍大江南北。世间万物纷纷扰扰，过分执着反而会困住自己，不如换个角度，顺其自然。

离开庐山，苏轼到筠州与弟弟相见，看着彼此竟悲喜交加。如今，兄弟二人将年过半百，仍以低微的官职在底层摸爬滚打，莫名有些悲哀。想当年，两兄弟双双登科，名震京城，是多么意气风发呀！

回首过往，难免存在这样或那样的遗憾，但红尘漫漫，前途路远，谁又能知道未来会怎样呢？

乘风归去的
苏轼

谷底反弹冲上天

很多人都期望自己的一生顺风顺水，没有起起落落，没有颠颠簸簸，这样虽好却少了些趣味，显得平庸而无聊。当生活的轨迹弯弯曲曲，延伸出各种不同的路线时，或许才正应了那句话——人生处处有惊喜。

年近五十的苏轼，本以为自己坠入谷底，就这样终老了。谁知，命运的齿轮再次转动起来，推着他走向另一个巅峰。

宋神宗元丰七年（1084），苏轼在筠州与弟弟苏辙分别后，回到九江与家人会合，一路乘船南下，两个月后抵达江宁（今江苏南京）。这时，苏轼做出了一个令人意外的决定——拜访曾经的老领导王安石！其实，抛开两人的政治立场，王安石一直很欣赏苏轼的才学，苏轼也很敬佩王安石的远见卓识，本应成为忘年之交的两人终于在晚年敞开心扉，互吐真言，痛痛快快畅游畅饮，一笑泯恩仇。

遗憾的是，在炎炎夏日的奔波途中，苏轼的小儿子

第四章 自我修行

苏遁夭折了，当时还不到一岁。老来丧子是人生最大的不幸，苏轼难过得失声痛哭，母亲朝云更是悲痛欲绝，只想陪着儿子同去。

生离死别，任何人都无法回避。小儿子的死，让苏轼感到深深的自责，也让他重新认识到家人的重要。于是，他决定买房安家，不再让妻儿老小跟着自己四处奔波。最终，他选择定居在风景宜人的常州，给自己那颗漂泊不定的心一个交代，也给不辞辛苦追随自己的家人一个交代。

于是，苏轼满怀期待上奏神宗皇帝，请求皇帝允许他留在常州居住。但皇帝日理万机，批示回复也需要时间，苏轼就故意放慢脚步，顺路见见朋友，赏赏风景，优哉游哉地往前走。

元丰八年（1085）二月，圣旨终于到了，皇帝答应了苏轼的请求，允许他住在常州，但仍要去汝州任职。苏轼感激皇帝对他的宽容与体谅，也希望将来有朝一日能够再为国效力。没想到，短短一个月后，年轻的神宗皇帝竟驾崩了！得知这个消息，苏轼心里非常难过，亲自给神宗皇帝写了挽词，以表达自己对皇帝的感恩与怀念。

当苏轼沉浸在悲伤中时，北宋朝堂又一次发生了翻天覆地的巨变。年幼的哲宗即位，由祖母高太后（英宗皇后）摄政治国。高太后一向反对新法，以迅雷不及掩耳之势，重新起用以司马光为首的旧党派官员。而苏轼，作为司马光的左膀右臂，显然又要被卷入这场政治风暴。

同年六月，朝廷下诏让苏轼去登州做知州。登州人杰地灵，仙气飘飘，苏轼觉得也不错。可他才到登州上任五天，连行李还没来得及打开，京城又传来一纸诏书，任命他为礼部郎中，火速进京。

从这一刻起，苏轼迎来了自己此生最荣耀的黄金时代。

风尘仆仆，策马而行，苏轼在十二月终于抵达汴京城。刚入京时，他是礼部郎中，不足半个月，他就被提拔为六品起居舍人，负责记录皇帝的言行和国家大事。这么快的提升速度，在北宋朝堂已属罕见，但苏轼注定是身负奇迹的人，没过多久，他又被直接任命为四品中书舍人，当上了宰相的直属部下。然而，这还不是终点，苏轼很快又被擢升为翰林学士，担任起草皇帝诏书的工作。仅仅八个月的时间，苏轼连升三级，官至三品。

在别人看来，苏轼就像搭乘运载火箭一般，从谷底反弹直飞冲天，一下子由罪臣升到了重臣。这是无限荣耀，也是朝廷恩宠，更是前所未有的奇迹！可在苏轼心中，一切来得太快太突然，他反而有些害怕，有些担忧，有些不习惯。如果可以选择，或许……他更向往那简净平淡的黄州生活。

北宋高僧惠崇，曾绘制过一幅《春江晚景图》。苏轼有幸在皇宫中看到，不由得怀念起江南水乡的日子，提笔作词写下两首《惠崇春江晚景》，既赞叹名画之美，又表达心中所思。

竹外桃花三两枝，春江水暖鸭先知。
蒌蒿满地芦芽短，正是河豚欲上时。

——《惠崇春江晚景二首·其一》

竹林外两三枝桃花初放，鸭子在水中游泳嬉戏，它们最先察觉到初春江水的回暖。河滩上已经长满蒌蒿，芦笋也开始抽芽，处处生机勃勃。此时，河豚正要逆流而上，从大海洄游到江河里来了。

然而，朝廷内外压力山大，苏轼心中顾虑重重，未来又会怎样呢？苏轼看不透，也猜不到，只想遵循自己的内心，坚守自己的信念。

宋哲宗元祐元年（1086），苏轼升任翰林学士后，太皇太后又让苏轼担任皇帝的老师，将他当成了最信任的

"自己人"。从此，苏轼在汴京如日中天，一时间风头无两。不久后，弟弟苏辙也回来了，与苏轼一样连获擢升，苏家兄弟再次名动京城。

如今，苏轼位高权重，很多人争抢着攀附他、拉拢他，可自己真没觉得有什么不同。工作结束后，他或与京城好友聊天饮酒，或陪伴妻妾逛街购物，或游山玩水散散心，生活如昔，一切照旧。

在苏轼看来，快乐与荣耀、富贵并不相关，痛苦与身份、地位也没牵连，真正的苦与乐，其实就在每个人的心里呀！

注释

[1] 参寥子：宋僧道潜，号参寥子。自幼出家，经学文史，无所不读，因诗句清绝，颇得苏轼的赏识，二人成为好友，他是出现在苏轼诗句里最多的僧人。参寥子虽然为僧，但其以诗歌出名，有诗僧之称，并有《参寥子诗集》传于后世。

[2] 赤壁之战：东汉建安十三年（208），孙权、刘备联军在长江赤壁一带大破曹操军队的战役。孙刘联军巧用火攻，创造了中国历史上"以少胜多、以弱胜强"的著名战例，奠定了三国鼎立的基础。

第四章 自我修行

诗词延伸

水调歌头·黄州快哉亭赠张偓佺

落日绣帘卷,亭下水连空。知君为我新作,窗户湿青红。长记平山堂上,欹枕江南烟雨,杳杳没孤鸿。认得醉翁语,山色有无中。

一千顷,都镜净,倒碧峰。忽然浪起,掀舞一叶白头翁。堪笑兰台公子,未解庄生天籁,刚道有雌雄。一点浩然气,千里快哉风。

词意

夕阳西下,落日余晖,卷起绣帘向外远眺,只见亭下江水与碧空相连,远处夕阳与亭台相映,空阔无边。为了我的到来,你特意在窗户上涂了青油朱漆,色彩艳丽如新。这让我想起当年在平山堂的时候,靠着枕席,欣赏江南烟雨,遥望远方出没的孤鸿。今天看到眼前的情景,我才体会到欧阳醉翁笔下那种山色若隐若现的景致。

广阔的水面如明镜一般，清澈静谧，倒映着山峰翠绿的影子。忽然江面波涛汹涌，浪花翻腾，一个渔翁驾着小舟随风浪起起伏伏。见此不由得想起了宋玉那首《风赋》，像宋玉那样可笑的人，是不可能理解庄子的天籁之道的，非要说什么风有雌雄。其实，一个人只要具备浩然之气，就能泰然面对任何境遇，享受快意无穷的千里长风。

词说

张怀民，字偓佺，又字梦得，谪居黄州，在其宅西南长江边筑亭，作为陶冶性情之所。苏轼欣赏江边的美景，也欣赏张的气度，所以，为张的亭台取名"快哉亭"。这是苏轼的豪放派词作代表之一，通过描绘快哉亭周围壮丽的水光山色，抒发了词人旷达豪放的处世之道，及超然于万物的潇洒胸怀。

浣溪沙·细雨斜风作晓寒

元丰七年十二月二十四日，从泗州刘倩叔游南山。

细雨斜风作晓寒，淡烟疏柳媚晴滩。入淮清洛渐漫漫。

雪沫乳花浮午盏，蓼茸蒿笋试春盘。人间有味是清欢。

词意

元丰七年十二月二十四日，与泗州刘倩叔一同游赏南山。这日细雨斜风，天气微微带着寒意，薄雾淡淡，烟雨蒙蒙。滩边稀疏的杨柳随风摇摆，为刚刚放晴的河滩平添了几分美好。清澈的洛涧汇入淮河，水势浩大，烟波茫茫。

泡上一杯浮着雪沫乳花般的清茶，品尝由山间嫩绿的蓼芽、蒿茎所组成的春盘。人间真正美好的味道，就是这种清淡的欢愉呀！

词说

这首记游词，写于苏轼赴汝州任团练副使途中。这首词充满春天的气息，洋溢着生命的活力。它给人一种闲雅的舒适感，清茶野餐，寄情山水，表达了恬静安闲的生活态度，平平淡淡才是真。

第五章　山雨欲来
（1086—1094）

三年京城荣光，即将成为过眼云烟，但苏轼并不后悔。曾无数次，他想乘风归去，远离尘世喧嚣，若非亲身经历，又怎知高处不胜寒的苦恼？如今，他已得偿所愿，要回到他喜爱的杭州城，就像飞出笼的鸟儿一般，振翅翱翔在碧蓝的天空，无拘无束，且乐陶陶。

惹不起，还躲不起？

山在高位，往往孤独无伴；水在高位，往往向下奔流；人在高位，往往心中生忧。或许有人问，为什么会这样呢？其实无他，只因——高处不胜寒！

苏轼在五十岁的年纪，重新登上事业巅峰，深受太皇太后信任，一时间荣宠无限，真是令人羡慕又嫉妒，个中滋味也只有苏轼自己才能感受。遗憾的是，元祐元年（1086）九月，老前辈司马光病逝，苏轼悲痛万分，可他还没来得及收拾心情，很快又被推上了党争的风口浪尖。

这一次并非变法派与保守派的党争，而是保守派内部的党争！说起来有些奇怪，保守派大臣重返朝堂，终于赶走了变法派敌人，本应同心协力造福百姓，好好为北宋朝廷添砖加瓦，没想到……他们自己反而内讧了。

司马光去世后，保守派官员先后分成了三个阵营：朔党、洛党和蜀党。朔党人数最多，主要是司马光的门下和追随者；洛党的领袖是理学家程颐，成员多是程颐的弟子

第五章 山雨欲来

和追随者；而蜀党的代表人物是苏轼，成员大多来自四川及其周边地区，以文人墨客为主。

其实，三派人马虽然政治理念不尽相同，内核并没有太大分歧，也不存在什么不可调和的矛盾。他们之所以争来争去，不是为了更好地治理国家，而是为了巩固各派在朝堂的地位。

最先斗起来的，是洛党和蜀党。程颐是个老古板，做事中规中矩，哪怕有些条条框框已经落伍了、不适用了，他仍然固执地坚持。苏轼正好相反，不喜欢循规蹈矩，主张灵活变通，还喜欢和人开玩笑。两人碰面时，就像火星撞地球一样，闹得相当炸裂。于是，洛党和蜀党的支持者，为了给各自的上司出气，也开始互相拉踩、炮轰、泼冷水。原本朔党不想参与纷争，只想静静地做吃瓜群众，可一见到有机可乘，他们也加入了战局，三派越吵越凶，越争越烈。

这其中，苏轼官位最高，仅仅与宰相之职一步之遥。

这其中，苏轼才学最胜，是天下响当当的文坛盟主。

这其中，苏轼荣宠最佳，是太皇太后身边的大红人。

正因为如此，苏轼自然而然成了三派党争的"旋涡中心"。短短一个月的时间，数十份弹劾苏轼的奏章，被送

乘风归去的
苏轼

到太皇太后面前。幸好，太皇太后对苏轼绝对信任和恩宠，不但不理会那些奏章，还屡屡敕令群臣，公开维护苏轼。

苏轼十分感激太皇太后，也愿意为朝廷、为皇家、为国为民鞠躬尽瘁，但他厌倦了官场的明争暗斗，想远离这些无谓的纷争，故而主动申请离开京城。可惜没得到允许，他只能硬着头皮继续在泥潭里打滚儿。

苏轼就像一枝空谷幽兰，清高孤傲，独自绽放，他厌恶朋党之争，不愿加入任何党派。虽然众人都将他当成蜀党领袖，可他自己从未承认过这一点，并且为人处世刚正不阿。接下来的两年时间，他坚守正义，明辨是非，不在乎党派，只陈述事实，解决问题，最终令自己变成了众矢之的——洛党恨他，朔党烦他，新党想除之而后快。

苏轼当然明白自己的处境，也深知这是不可避免的结果。他很清楚，高居庙堂要想避祸，必须左右逢源，谁也不得罪，每天规规矩矩上班，凡事睁一只眼闭一只眼，表面嘻嘻哈哈，碌碌无为混日子。但苏轼不愿这样，也不允许自己这样！他的心中有百姓，有国家，有整个天下！他不想将精力与时间浪费在朝堂无休止的争斗上，更希望有机会为百姓谋福利、做实事。

第五章 山雨欲来

为此，苏轼接二连三上表太皇太后，恳请外放出京。那些朝堂纷扰，党争混乱，他惹不起，还躲不起吗？元祐四年（1089）三月，苏轼的请求获得恩准，以龙图阁学士的头衔出任杭州知州，兼任浙西兵马钤辖。

三年京城荣光，即将成为过眼云烟，但苏轼并不后悔。曾无数次，他想乘风归去，远离尘世喧嚣，若非亲身经历，又怎知高处不胜寒的苦恼？如今，他已得偿所愿，要回到他喜爱的杭州城，就像飞出笼的鸟儿一般，振翅翱翔在碧蓝的天空，无拘无束，且乐陶陶。

清夜无尘，月色如银。酒斟时、须满十分。浮名浮利，虚苦劳神。叹隙中驹，石中火，梦中身。

虽抱文章，开口谁亲。且陶陶、乐尽天真。几时归去，作个闲人。对一张琴，一壶酒，一溪云。

——《行香子·述怀》

夜色清新，没有一点杂尘，月儿皎洁明亮，洒落遍地银光。在这样的良辰美景下，对着月色斟满酒，尽情享受。名利如浮云，变幻无常，只是白白让人劳神费力。人的一生像快马飞驰过缝隙，像击石迸射出一闪即灭的火花，像在梦境中的经历一样短暂。

虽有满腹才学，却不被重用，无所施展。姑且借现实中的欢乐，忘掉人生的种种烦恼吧。何时能归隐田园，不为国事操劳，做个闲适自在的人，有琴可弹，有酒可饮，观云望月，赏玩山水，也就足够了。

苏轼把酒问青天，对着明月倾吐心声：他想摆脱世俗困扰，乘风归去，离开庙堂，归隐田园。

理想总是很美好，现实往往令人望而却步。苏轼逃离了充满危机的京城，但前方仍然一片迷茫，怀着忐忑不安的心情，他走向了人生的下一站，也将与西湖再续前缘。

好一个大忙人

生活太过闲适，常会消磨人的意志，不知不觉丧失斗志，安于现状。一旦忙碌起来，格局迅速打开，反而能够提升精神，激发出无限潜能。这，正是五十多岁大忙人——苏东坡的真实写照。

宋哲宗元祐四年（1089），苏轼偕同一家老小，南下杭州。十五年前，他以杭州通判的身份，完成了自己三年任期，结束与杭州的短暂缘分，那时的恋恋不舍仿佛仍历历在目，就像发生在昨天。十五年后，他以杭州知州的身份，重新回到杭州，想为这片江南热土再次贡献自己的力量。

同年七月，苏轼抵达杭州上任。刚一到来，他就发现了一件怪事：西湖怎么变小了？原来，这些年江南多雨，湖中水草营养过剩，长得飞快，与湖里的淤泥搅在一起，把西湖堵塞了，面积才会变得越来越小。要是这样不管不顾，可能再过几十年，西湖就没了。

苏轼是最懂西湖的人，也是最懂西湖重要性的人。西湖的水与杭州老百姓息息相关，如果西湖出了事，不仅是杭州美景的缺憾，更会导致全城饮水的严重问题。因此，治理西湖刻不容缓，必须马上行动起来。苏轼作为父母官，带领百姓砍水草，挖淤泥，热火朝天地干了几个月，终于成功疏浚了西湖。但新的问题又来了：水草、淤泥堆积如山，怎么办？苏轼想了想，干脆用它们修筑一条环绕西湖的堤坝，既能方便人们通行，又可为湖光山色添美，多好！

没过多久，长堤建成了，苏轼命人在周围种植杨柳、培育莲花，使这里自成一景，赏心悦目。后人为纪念苏轼，将长堤命名为"苏公堤"，世世代代传颂他的功绩。

由于杭州地处要塞，南来北往的商旅云集，再加上这些年雨水过量，导致瘟疫流行，很多人患上了传染病。但谁能想到，如此偌大繁华的杭州城，竟然连一座像样的医院都没有，百姓根本看不起病、买不起药呀！苏轼急坏了，立刻从官银中拨出一部分余钱，自己带头捐出五十两黄金，在杭州城中心地区建造了我国最早的公立医院——安乐坊。此后三年间，安乐坊收治了一千多个病患，大伙儿非常感激这位心里装着百姓的好官。

第五章　山雨欲来

宋哲宗元祐五年（1090），苏轼来杭州工作快两年了。他每天辛辛苦苦，忙得像个陀螺，只想为民多做实事，让百姓生活得更好。但这样一来，苏轼与朋友登山临水的时间，也慢慢被挤掉了。幸好，有些挚友主动来陪伴他，与他开怀畅谈，如诗僧参寥子、同僚刘景文[1]等，都是他在杭州的知心人。

这年初冬时节，苏轼看着院中的荷塘、菊花、结满果实的橘树，突然想起了好友刘景文，不禁提笔写下一首《赠刘景文》，希望给朋友送去安慰和鼓励，同时也给自己打打气。

荷尽已无擎雨盖，菊残犹有傲霜枝。
一年好景君须记，最是橙黄橘绿时。

池塘里的荷花已经凋谢，连那巨大的荷叶也跟着衰败枯萎了，只有菊花开放后的一条条残枝还在与风霜竞斗，不畏严寒，不惧冷冽。老朋友啊，你一定要记住，一年中最好的光景，就是橙子金黄、橘子青绿的秋末冬初时节啊！

苏轼写这首诗的时候，正好五十五岁。再看走过半生的他，早已是别人眼中的"老人家"了。但苏轼的心态很年轻，仍然意气风发，奋勇直前，不被年龄所束缚，不因挫败而退缩，谁说人生无再少？

苏轼任知州两年，出谋出力出钱，为杭州百姓做了很多好事，深受全城民众的敬重与爱戴。然而，就算美景如画的杭州，也逃不过天灾疫情，旱、涝、蝗灾相继而来。

苏轼忧心忡忡，拼命筹粮往官仓里存储，希望在百姓挨饿时，能够开仓放粮去救市，帮助百姓熬过饥荒。可其他各级官员根本不当回事，反而觉得苏轼杞人忧天，层层加以阻挠。苏轼孤立无援，几乎恳求道："天啊！你们能不能稍微相信我？稍微协助我一下？"那些官员或不屑一顾，或哈哈大笑，或满不在乎。他们经常对苏轼说："知州大人，别再小题大做了，旱涝灾害年年有，没什么大不了。"苏轼实在没有办法，只能向朝廷求助，半年内七次上表，却也未能真正解除困境，徒留无奈与绝望。

宋哲宗元祐六年（1091）春，苏轼被朝廷召回京师，担任吏部尚书。苏轼不想回去，也不想离开，因为杭州还有很多他放心不下的事情没有完成。但圣命难违，身不由己，他与杭州的缘分终归还是走到了尽头。

恰在此时，老友钱穆父[2]途经杭州，苏轼亲自去码头

第五章　山雨欲来

送别,以一首《临江仙·送钱穆父》抒发了旷达洒脱的超然情怀:

一别都门三改火,天涯踏尽红尘。依然一笑作春温。无波真古井,有节是秋筠。

惆怅孤帆连夜发,送行淡月微云。尊前不用翠眉颦。人生如逆旅,我亦是行人。

自从京城一别,我们已经三年没见了,远涉天涯的你,在世间四处奔波劳碌。相视一笑仍像春天般温暖。你的心就像古井里的水,沉静幽深,不起任何波澜。你的高风亮节像秋天的竹子。

因为你要连夜起航远行,我的心中很是惆怅。送别时,天上的云影淡淡的,月光也淡淡的。陪酒的歌妓不要因离愁而对着酒杯难过。人生就像一趟艰难的旅程,你我亦不过天地间过客。

送别好友,苏轼心中不舍;离开杭州,苏轼心中也不舍。

元祐六年(1091)三月,苏轼将杭州的工作交给下任知州,启程回京。一路上,他见到江南各地灾情四起,处处都是饥寒交迫的百姓，心中痛苦不堪，一次次上奏朝廷，陈述真实情况。但朝中那些深陷党争的大臣，根本不在乎事实，反而污蔑、攻击苏轼，说他故意夸大灾情，别有用心。

苏轼累了，也倦了，恳求太皇太后让他去外地任职。太皇太后深知他的才华与品性，不同意他离开，更希望他留在京城辅佐皇帝。苏轼一直很感激太皇太后的信任，但他更懂自己的性情，若日日周旋于各种党争，只会埋没他的才华，夺走他的快乐，令他失去所有光彩。于是，回京三个月后，苏轼再次请求外调，获准去颍州担任知州。

这一次，苏轼与宰相之位永远地擦身而过，此生再也没有机会了。

第五章　山雨欲来

退休前的风波

北宋的公务员队伍十分强大，人数特别多，远远超出了国家提供的职位，因而出现不少冗官。在职官员年纪大了，主动选择退休，申请告老还乡，也是完全被允许的。这是苏轼晚年的心愿，却一辈子没有达成。

宋哲宗元祐六年（1091）八月，苏轼奉旨以龙图阁大学士出任颍州知州。他当时非常高兴，甚至计划好了，再工作一年就退休。

颍州虽比不上杭州的繁华，但有湖光山色，绿草如茵，颍州西湖[3]也是个风景优美的好去处。更何况，这里还是苏轼的恩师——欧阳修晚年居住的地方，他很想追随恩师的脚步，造福颍州百姓，让大家安居乐业。然而，灾情当前，无论杭州还是颍州，都逃不过残酷的现实。

苏轼在颍州见到灾民成群，没有任何吃的东西，只能挖草根、剥树皮、吞麦麸，勉强果腹。年老体弱的，倒在路边活活饿死；少壮有力的，沦为盗匪抢劫杀掠，百姓生活苦不堪言。苏轼看得心急如焚，胸口涌动着无限悲伤，当即下令将颍州官仓的储备粮食发放给逃荒的灾民，以解燃眉之急。

在苏轼的治理下，颍州的民生渐渐有了起色，他刚想松口气，朝廷的一纸诏令就来了！元祐七年（1092）二月，苏轼被调往扬州，知扬州军州事，原本计划的退休生活，也只能搁置下来。

苏轼到达扬州后，见农田规整，麦苗青青绿绿，心中深感安慰。在洪水成灾的江南地区，扬州能有大片农田茁壮成长，无疑是天下百姓的"大救星"。可很快，苏轼又发现了一件相当困惑的事：农田好好的，却无人打理！这是怎么回事呢？苏轼不怕辛苦，亲自走访扬州乡民，向他们询问其中的缘由。乡民们个个愁眉苦脸，叹着气回答："大人，现在是丰年不如凶年呀！我们种的庄稼要是荒废了，全家人节衣缩食，还能勉强活下去。如果庄稼收成好，朝廷的胥吏就会上门催缴积欠的公债，交不出或交不够，我们就要被抓走挨打，生不如死……大伙儿索性不种庄稼了，才能有条活路。"

苏轼听完，整个人气得面色铁青，全身发抖：没想到，新法早已废除，后遗症给百姓带来的伤害仍是这么严重。苏轼立刻写下一份私人奏章，直接上表太皇太后，请求免除以前的公债，不再追讨。几个月后，朝廷正式下令，依苏轼所奏执行，令百姓逃离了变法遗祸，能够安心耕种，休养生息。

没过多久，苏轼辞别扬州，被皇命召回，重返京城。接下来的一年，他先后任职兵部尚书、礼部尚书，官越做越大，职位越来越高，但苏轼脸上的笑容越来越少，心中的忧虑越积越多。他一直想退休回家，与妻儿共享天伦，可这个在普通人看来并不困难的愿望，成为苏轼一生的遗憾。

宋哲宗元祐八年（1093）秋，苏轼的妻子王闰之因病去世。苏轼悲伤得无法自抑，却始终哭不出声，流不出泪，像失去灵魂的人偶一般。闰之嫁给苏轼的二十多年间，总是跟着他东奔西走，浪迹天涯，时而荣光，时而屈辱，时而喜乐陶陶，时而担惊受怕，但无论怎样的境遇，闰之永远追随苏轼，生死不弃。回想过往种种，苏轼更加痛不欲生，深深愧对闰之，可就算倾尽所有，也换不回妻子在身边的美好时光了。

苏轼为妻子写下一篇感人至深的祭文，承诺死后与闰之同穴而眠。似乎只有这样，才能感怀妻子的在天之灵，安稳自己那颗伤痛的心。

然而,悲伤并没有终止,竟泛滥成灾。

一个多月后,最信任苏轼的太皇太后也崩逝离开。这么短的时间,苏轼失去了两个默默守护他的女人,从此他的人生急转直下,连续坠入万丈深渊,没有最差,只有更差。

至于退休,怕是永远不可能实现了。

太皇太后去世后,年轻的宋哲宗终于手握大权,开启了新一轮朝堂风暴。原来,曾经那个年幼稚嫩的孩子,已经变成了冷漠无情的小伙儿,他就像蛰伏在黑夜中的孤狼,如今脱胎换骨,成了真正的狼王。

哲宗皇帝延续了父亲在位时的政策,重新起用变法派官员,将旧党派大臣纷纷罢黜驱逐。对于这一点,苏轼倒是早有所料,他马上奏请皇帝,离开京城,去外地任职。宋哲宗甚至没有见他一面,就直接让他走人了。

于是,在瑟瑟秋风中,苏轼告别弟弟苏辙,匆匆去往边境前线定州。定州与辽国[4]相邻,本是边防重镇,可苏轼到了那里才发现,定州军队的状态简直令人难以置信:军营破破烂烂,士兵懒懒散散,没人操练戒备,却全员赌博饮酒,目无军纪。

第五章　山雨欲来

苏轼一个文官,出现在成千上万的武人面前,如果说一点儿不害怕,那肯定是假话。但苏轼已经下定决心,冒着生命危险,以雷霆万钧的手段,大力整治军队,严惩贪污,禁止赌博,重新树立军威、操练士兵,让定州军队雄风崛起,震撼边境。

但小皇帝亲政后,变法派大臣占据了朝堂,没有人会留意苏轼在定州做出的业绩,反而又一次将他推入了政治风暴的旋涡之中。

宋哲宗绍圣元年(1094)四月,苏轼遭到朝廷贬谪,从定州知州被降级,调任英州(今广东英德)知州。此时,苏轼已经是个五十九岁的老人家了,朋友们都为他捏了一把汗,唯有苏轼自己气定神闲,泰然从容。谁知,在他带着全家人去往英州的途中,朝廷又接二连三传下诏书,苏轼被一贬再贬,一路连降五级,最终以"宁远军节度副使,惠州安置"结束。

也就是说,苏轼直接坠入谷底,一次性被流放到广东惠州。他的弟弟苏辙,早已被贬到了汝州,两兄弟携手落难,同步倒霉。

面对这样的安排,苏轼自己也惊呆了,一时间竟有些云里雾里,不知道该怎么办了。广东惠州位于岭南地区,长年湿热很不适合生活。且苏轼这次是被贬黜流放，无权无势无人庇护，连行路的船都被强制收回，只能自己走路翻越大庾岭[5]，真是前路漫漫，生死难测呀！

苏轼已经五十九岁了，以这样年迈的高龄去往广东惠州，恐怕很难再活着回来。他的心中充满悲伤和无奈，不愿拖累家人，只想孤身赴死。这时，朝云勇敢地站了出来，决定陪在苏轼身边，随他同去岭南蛮荒之地。小儿子苏过一向仁义孝顺，颇有几分苏轼的豁达豪放，主动提出陪父亲上路，好好照顾。

绍圣元年（1094）十月二日，苏轼艰难跋涉数月后，终于抵达惠州，准备迎接人生中又一个全新的挑战。

注释

[1] 刘景文：名季孙，字景文。北宋将军刘平的儿子，诗人，官员。与苏轼是好友，被苏轼称为"慷慨奇士"，《东坡全集》中的《乞赙赠刘季孙状》中记载他"博通史传……性好异书古文石刻，仕宦四十余年，所得禄赐尽于藏书之费"。与北宋其他文人如王安石、米芾、张耒交好。

[2] 钱穆父：名勰，字穆父。北宋官员，是苏东坡的好友。其为官清廉刚正，文章雄健深沉，诗词清新遒劲。在书法

第五章　山雨欲来

方面，学习欧阳询，草书造诣深厚。元祐初年，苏轼在朝中担任起居舍人，钱穆父为中书舍人，两人志同道合，经常吟诗作赋，诗词唱和，建立了深厚的友谊。

［3］颍州西湖：位于安徽省阜阳市颍州区，是我国著名的风景名胜，曾与杭州西湖、惠州西湖、扬州西湖并称为"中国四大名湖"。北宋时期，颍州西湖最为繁盛，先后有晏殊、欧阳修、苏轼、吕公著等多位名人任职颍州，将颍州西湖建造得越来越好，成为后世无可替代的美景。

［4］辽国：位于宋朝北方边境，一直对北宋虎视眈眈，时不时侵犯宋朝边境，引发战争，令国家动乱，民不聊生。辽国由契丹族建立，经历了两百多年，最终被宋金联军所灭。

［5］大庾岭：五岭之一。在今江西大余和广东南雄二县市交界处。大庾岭的山体较为零碎，地势也不太高，山间多有小盆地、小谷地，坑坑洼洼，不太好走。大庾岭中梅花很多，也称梅岭，每年二三月份，漫山遍野的梅花争相开放，美如画卷，十分壮丽。

诗词延伸

定风波·南海归赠王定国侍人寓娘

常羡人间琢玉郎,天应乞与点酥娘。尽道清歌传皓齿,风起,雪飞炎海变清凉。

万里归来颜愈少,微笑,笑时犹带岭梅香。试问岭南应不好?却道:此心安处是吾乡。

词意

常常羡慕这世间有如此丰神俊朗的玉面郎君(指王巩),连上天也怜惜他,特意赠予他柔美聪慧的佳人(指柔奴)相伴。人人都说她的歌声轻妙悦耳,如同风起雪飞,掠过炎炎暑热,令世界变得清凉。

你二人从偏远艰苦的地方归来,反而看着更加年轻了。笑容依旧,仿佛还带着岭南梅花的清香。我忍不住问道:"岭南的生活应该不是很好吧?"你却坦然回答:"心安定的地方,便是我的故乡。"

词说

　　这是苏轼的词作中少有的一首风格细腻、感情柔婉的作品，通过刻画歌女柔奴的姿容和才艺，歌颂了她的美好情操和高洁人品。整首词读起来空灵清旷，细腻婉转，也表达了作者自己豁达的人生态度。

　　"此心安处是吾乡"，是流传千古、感动无数人的名句。短短七个字，蕴含着深刻的人生哲理。无论身处何地，只要内心安宁、坦然，便能将他乡当作故乡，找到生活的乐趣。

赵孟頫《苏东坡小像》

自题金山画像

心似已灰之木,

身如不系之舟。

问汝平生功业,

黄州惠州儋州。

第六章　流放天涯
（1094—1100）

苏轼渐渐适应了儋州生活，开始像黄州、惠州那样，与儿子苏过一起自建房屋。他们在城南的椰林买了一块空地，在左邻右舍的帮助下，搭建了三间简陋的房子，命名为"桄榔庵"。这"桄榔庵"里空空荡荡，家徒四壁，大风吹过还会发出"咣啷、咣啷"的响声，真是名副其实的"桄榔庵"呀！

乘风归去的苏轼

无论何处，自带主角光环

宋哲宗绍圣元年（1094）十月，老人家苏轼来到穷山恶水的惠州，不但身心疲惫，估计更会充满焦虑吧。然而，朝堂那些恶人期待中的事，压根儿就没有发生——苏轼没有被岭南瘴气[1]吓坏，也没有被重重困难吓倒，他昂首挺胸走入惠州，听着鸡鸣狗吠，看着男女老少，竟觉得有种说不出的亲切感，仿佛自己在梦中见到过。

这里虽然贫困落后，生活艰难，但民风淳朴，平易近人，百姓们对苏轼非常友善。更何况，他还是北宋赫赫有名的文坛盟主、曾经的朝堂高官，当地的文人墨客、大小官员、父老乡亲都纷纷出来迎接，激动得说不出话来，围着他眉开眼笑。

望着眼前火爆的情景，苏轼有些难以置信，又不禁百感交集：没想到，他一个被朝廷贬黜之人，竟能在惠州受到这么热情的招待，为表达他对当地乡民的感激之情，当即写下一首《十月二日初到惠州》：

第六章　流放天涯

> 仿佛曾游岂梦中，欣然鸡犬识新丰。
> 吏民惊怪坐何事，父老相携迎此翁。
> 苏武岂知还漠北，管宁自欲老辽东。
> 岭南万户皆春色，会有幽人客寓公。

初到惠州就感觉自己好像曾在梦中来过此处，这里的鸡犬看到我，似乎也像早就认识我一样。官吏与乡民都很惊讶，关心我因为什么事而被贬谪，父老乡亲相互搀扶着出来迎接我。

苏武当时怎么会知道，人到暮年还可以从漠北回到中原去呢？管宁被流放到辽东蛮荒之地，也曾自愿留在那里终老一生。热情的岭南乡民们，拿出"岭南万户酒"来款待我，我非常感激，也非常高兴，此处一定会有与我志同道合的"幽人"相伴吧。

正如苏轼在诗中写的那样，惠州热情的乡民们很快就成了他的新朋友。伫立在人群中的苏轼，虽然只是个白发苍苍的半百老人，但他有着纯洁无垢的心灵和宽厚仁慈的柔善，令人不由自主地向他靠拢。无论身在何方，他——苏轼，永远自带主角光环，散发着与众不同的温暖。

北宋时,岭南属于瘟疫横行的恐怖地区,只有犯了重罪的大臣,才会被流放到这里。苏轼来到惠州后,确实要开始过苦日子了,水土不服,没钱没物,连口饱饭都吃不上。远方的朋友猜到他穷,常会托人给他送来各种东西;惠州本地的友人、邻居,也会主动周济帮忙,这样才能勉强度日。

想当初,苏轼被贬黄州,也是一无所有,还承受着巨大的心理创伤,甚至有些心灰意冷。如今,身处岭南瘴气之地,生活的艰难可想而知,但苏轼自己已经改变了,不再为世俗所困扰,不再被尘缘所束缚,以超然物外的心态与这个世界和解,从绝境中寻找希望,在平淡中活出本真。

自从来到惠州,苏轼的大名就传遍岭南,成为文学圈的热搜焦点。不管别人怎么看,苏轼觉得自己就是一个恣意随性的普通小老头儿,看尽花开花落云卷云舒,尝遍世间酸甜人情冷暖,那些富贵、功名、权力、地位,早成过眼云烟,不值一提了。

纵观苏轼来来往往走过的地方,从北到南,从西到东,距离越来越远,处境越来越难。这不,他以"戴罪之身"居于岭南,留也留不下,走也走不了,时光匆匆,钱袋空空，生活下去谈何容易？更何况，他还是一个无肉不欢的人！

但没关系，苏轼自有办法。

据记载，惠州一天仅杀一只羊，还不能公开发售，只卖给当官的。苏轼也算个罪官，勉强有资格购买，但他没钱呀！这时，吃货的天赋派上用场了，苏轼拍着脑袋说："买不起肉，咱就买骨头呗。"反正在吃货的字典里，从来没有"不可能"三个字。

于是，苏轼用很少很少的钱，买回一条谁都不要的羊脊骨，先放在开水中煮熟，再用酒、盐调味，来个微火烧烤，烤成金黄色，闻着香喷喷，就可以开吃了。后来，苏轼自创的这道"廉价解馋菜"，成为了全民喜爱的大众美食——羊蝎子。

惠州的气候又湿又热，如同闷闷的大蒸笼，令人有些喘不过气。但在这片岭南土地上，林木茂盛，水果繁多，四季如春。宋哲宗绍圣二年（1095）四月，苏轼在这里第一次吃到了鲜甜多汁的荔枝。

荔枝被称为"南国佳品"，曾是唐朝杨贵妃的至爱，到了北宋时期，依然是宫廷贵族的专属水果，普通人想吃也吃不到。苏轼一看，心里乐开了花："来岭南挺好，荔枝随便吃,还过了一把贵族瘾!"

苏轼眼中的荔枝,穿着大红袍,晶莹白净,美味至极。他来到罗浮山下,看那枝繁叶茂,硕果累累,高兴得像个孩子,在果园里走来走去:"太好了!卖掉这些果子,百姓的生活就不会那么难了。"

每一天,人们都会采摘新鲜的枇杷、杨梅、荔枝,将它们送往全国各地。苏轼坐在果树下,一边帮忙一边偷吃,大家都劝他少吃荔枝,容易上火,但他乐在其中,一首流传千古的名诗《惠州一绝》由此诞生:

罗浮山[2]下四时春,卢橘杨梅次第新。
日啖荔枝三百颗,不辞长作岭南人。

罗浮山下四季如春,杨梅和枇杷次第成熟上市了。如果每天能够吃上三百颗荔枝,我愿意从此留在这里,永远做个岭南人。

渐渐地,苏轼适应了惠州的生活,也将惠州当成了新的故乡。他与这里的朋友闲话家常,游山玩水,日子过得充实而自在,或许这样一直走下去也不错。将来的事将来再说,珍惜眼前的一切,何尝不是最好的选择呢?

"爱操心"的老人家

法国著名作家雨果说过这样一句话:"比陆地更广阔的是海洋,比海洋更广阔的是天空,比天空更广阔的是人的胸怀。"苏轼这一生,四处奔波,历尽风雨,但他始终品性如兰,胸怀豁达,以一颗慈悲善良的心,原谅了所有苦难与伤痛,无仇无恨无怨无悔。

宋哲宗绍圣二年(1095),苏轼刚在惠州安定下来,突然得知一个令他心惊的坏消息——他的表哥程之才被朝廷派到岭南来当官,任广南提辖刑狱,负责巡查、监督各地官员。明明是自家表哥,苏轼应该高兴才对,为什么反而会惊慌失措呢?这其中的原因,还要从四十年前的一件旧事说起。

苏轼有个姐姐叫八娘,嫁给了表哥程之才,两家人亲上加亲,程之才也成了苏轼的姐夫。可遗憾的是,八娘婚后过得并不幸福,最终伤心而死,只活了十八岁。因为这件事,父亲苏洵大闹一场,与程家断绝了所有关系,四十多年来，苏轼与表哥程之才也无来往，形同陌路。

据说，程之才这次到岭南任职，是有心人故意安排的，他们就是想借程之才的手，来报复折磨苏轼。正因为如此，苏轼才会担惊受怕，惴惴不安。

其实，程之才根本不想伤害苏轼，更为多年前八娘的事深感后悔，希望得到苏家人的谅解。他很早就想与苏轼两兄弟修复关系，重归于好，只是一直没有找到机会。当苏轼首先做出让步，主动写信给他后，程之才激动得差点儿流泪，第二天就亲自来惠州看望苏轼。

两个曾经熟悉又陌生的眉山少年，相隔四十年终于重聚，早已变成了满脸皱纹、满头白发的老头儿。他们紧紧握着彼此的手，凝望着彼此的目光，竟相顾无言，喜极而泣。

苏轼与程之才彻夜长谈，回忆过去，展望将来，谈笑风生。两人不但冰释前嫌，还令溶在血脉里的亲情得到升华，更加理解、体谅对方了。在异地他乡的岭南，表哥程之才的到来，给了苏轼一种源自故乡的温暖，让他觉得心情舒畅，心中安稳，有亲人相伴，也不再那么孤独了。

程之才在惠州待了十多天，日日与苏轼携手共游，根本不舍得离开。可公务在身，不得不走，表兄弟二人约定书信来往，情谊永相连。苏轼这个人，无论年纪多大、流放何处，为国为民的信念从来没有动摇过，胸怀天下的火苗也从来没有熄灭过。

在惠州，苏轼亲身感受到了当地百姓的艰难，但苏轼是被流放的罪官，没有任何实权，就算很想为百姓做事，也心有余而力不足。怎么办呢？苏轼见不得百姓受苦，向表哥程之才求助。

程之才是朝廷派下来的官员，在整个岭南地区，还是有分量的。苏轼将自己的想法告诉程之才，请他出面帮忙，为百姓谋福利。当时，惠州官府向农民征收粮食赋税，只收现金，不收谷物，农民没办法，只能贱卖粮食再交税。可这样一来，辛辛苦苦一整年，既没钱又没粮，怎么生活呢？苏轼听说后，赶紧让程之才找相关官员处理，圆满地解决了这个问题，百姓们可高兴了！

惠州城东边有条江，风高浪急，水流汹涌。偌大的江面上，只有一座晃晃悠悠、破破烂烂的小竹桥，人们每次过江都提心吊胆。苏轼觉得这样太危险，必须建一座坚固结实的桥，方便百姓通行。于是，他捐出自己珍藏多年的金腰带赞助工程，还跟弟弟苏辙要了很多积蓄，大伙儿一起众筹，顺利建起了大桥，惠及后世千百年。

乘风归去的
苏轼

惠州郊外的野地里，散落着不少枯骨，有些是无辜的百姓，有些是战亡的士兵，因为一直找不到主人，就这样风吹日晒，无法入土为安。谁人没有父母？谁人没有子女？苏轼看着很难受，跟惠州知州商量，将这些无主的枯骨全部收集起来合葬，让他们能够安心长眠。苏轼还专门写了祭文，告慰亡灵，当地百姓对他感激不尽。

这位"爱操心"的老人家，用他的慈悲、温良、柔善，在惠州撒下无数仁爱的种子。或许，苏轼自己从来不在意这些，但他真诚无私的善举，已在岭南百姓心中生根发芽，代代延续。

宋哲宗绍圣二年（1095）九月，皇帝大赦天下，所有罪犯都有机会免罪，偏偏苏轼等元祐老臣被排除在外。也就是说，苏轼北归无望，可能要在岭南度过余生了。虽然有些失落，但苏轼已习惯随遇而安，很快就释然了，还兴致勃勃地准备盖房子，留下来终老。

苏轼拿出所有的积蓄，在河东白鹤峰买了一块地，与小儿子苏过、侍妾朝云忙碌起来。他亲自设计新居，打算盖二十间房，让大儿子、二儿子两家都到惠州来生活。

如今，苏轼将大部分精力用在了建造房子上，每天干得热火朝天，非常起劲儿。他还在周围的空地种满了橘树、柚树、枇杷树、杨梅树、荔枝树……清风徐徐,翠叶摇摆,花团锦簇,香飘万里,不知不觉充满了诗情画意。

某个春日,苏轼闲坐在家,望着庭院内落木萧瑟的情景,心中突然涌起一股伤感,故而写下一首《蝶恋花·春景》,让朝云轻声吟唱。

花褪残红青杏小。燕子飞时,绿水人家绕。枝上柳绵吹又少,天涯何处无芳草。

墙里秋千墙外道。墙外行人,墙里佳人笑。笑渐不闻声渐悄,多情却被无情恼。

花儿的残红褪尽,树梢上长出了小小的青杏。燕子在天空中飞来飞去,清澈的河水围绕着村落人家。树枝上的柳絮,已经被风吹得越来越少了,天涯路远,哪里没有芳草呢?

围墙里有位少女正在荡秋千。墙外路过的行人都能听得见少女的笑声。可笑声渐渐地就听不见了,行人怅然若失,仿佛多情的自己被无情的少女伤害了。

在春光最美的时刻,万物生机勃勃,本应人人欢喜。可一想到苏轼被流放到岭南蛮荒之地,居无定所,漂泊无依，朝云就不由得感同身受，泪眼婆娑，怎么都唱不下去了。

这世间真正懂苏轼的人，是朝云。有朝云陪伴左右，苏轼在惠州的生活并不寂寞，两人共学佛法，潜心悟道，相互扶持，倒也过得有滋有味。在苏轼的心目中，朝云是他的维摩天女，是他一生最重要的红颜知己。

然而——

朝云没能与苏轼相携到老，不幸染病去世了，仅三十四岁。苏轼在暮年失去朝云，悲痛欲绝，肝肠寸断。因为怀念朝云，他在惠州创作了很多悼亡诗、追忆词，并亲手写下挽联：

不合时宜，惟有朝云能识我；
独弹古调，每逢暮雨倍思卿。

朝云离开了，可生活仍要继续。次年二月，苏轼在惠州的新居竣工，全家人都住了进去，周围的邻居也纷纷来祝贺，欢声笑语传出很远很远……或许，这样平平淡淡，其乐融融，也挺好。

第六章 流放天涯

"桄榔庵"的流金岁月

我们生活在茫茫尘世，总会遇到一些身不由己的事，与其抱怨懊悔，不如坦然面对。既然无法改变现实，那就迎着风雨，勇敢地走下去！

宋哲宗绍圣三年（1096），苏轼在惠州建造了新居，三个儿子全部来到他的身边，一家人团团圆圆，日子过得越来越舒坦。苏轼很开心，写了几首赞美惠州生活的诗，如："报道先生春睡美，道人轻打五更钟。"诗句传到京城后，朝廷的变法派大臣一看："哎哟！小日子这么快活，看来惩罚还不够，再给你贬远点儿！"于是，一道诏令下来，苏轼被贬儋州，直接"飞"出了大陆。

北宋时的儋州，即今天的海南，被远远隔离在外，就像一座被抛弃的孤岛，堪称"蛮荒中的蛮荒"。儋州百姓大多是黎族，只在北部海岸，住着极少数汉人。

这一次，苏轼又开了先河。年过花甲的他，刚住上惠州的新房，却要离开，迈着垂垂老矣的步伐，远赴天涯海角的儋州。长路漫漫，登船过海，很可能没有生还的希望。所以，苏轼在惠州安排完自己的后事，才带着小儿子苏过启程而行。

苏轼一下子被扔出了大陆，苏辙的处境也不怎么样，被丢在大陆最南端的雷州。从此以后，这对难兄难弟，只能隔海相望了。临行前，苏轼与弟弟匆匆见了一面，两人相拥而泣，痛哭失声：这次分手，怕是生离死别，再也见不到了。

宋哲宗绍圣四年（1097）六月，苏轼带着小儿子苏过乘船渡海，在风浪中颠簸了一个多月，终于抵达流放地儋州。儋州气候十分恶劣，夏季又潮又湿，冬天浓雾蒙蒙，秋日阴雨连绵，处处弥漫着腐烂发霉的味道。岛内食物匮乏，很多东西需要从内陆运输，连米粮都没地方购买，简直就像另一个世界。

苏轼刚到儋州时，因环境不适、水土不服，生了一场大病。幸好，这位六十多岁的老人生命力够强，才算熬了过去。但没吃、没喝、没地方住，苏轼父子在儋州过得穷困潦倒，一言难尽。苏轼曾开玩笑地说："此间食无肉，病无药，居无室，出无友，冬无炭，夏无寒泉，然亦未易悉数，大率皆无尔。惟有一幸，无甚瘴也。"看来，最让

第六章 流放天涯

苏轼感到安慰的，是儋州的瘴气不太厉害，他这个老头子还能扛得住。

在这么贫困清苦的地方生活，要是换成其他人，恐怕早已自暴自弃，当场崩溃了。苏轼注定与众不同，历经那么多沧桑，承受那么多风雨，他从没有向困境低过头，始终保持乐观旷达的心态，超然物外，何其洒脱！他曾在儋州写过一首小诗《纵笔三首·其三》，恰恰突出了自己幽默豁达的性情。

> 北船不到米如珠，醉饱萧条半月无。
> 明日东家当祭灶，只鸡斗酒定膰吾。

来送粮的船还没有到海南，近来这里的米贵得像珍珠一样。我已经半个月不知道吃饱喝醉的滋味了，真是可怜这肚子，既萧条又清苦啊！好在明天是祭灶日，难得在这年末岁月，东家会宰鸡、烤肉、备酒，这次定能让我吃饱喝足大醉一回。

瞧瞧！一首短短的小诗，读起来妙趣横生，情韵盎然。明明已经穷得吃不起饭了，老人家仍然充满希望，积极快乐地度过每一天。

宋哲宗元符元年（1098）后，苏轼渐渐适应了儋州生活，开始像黄州、惠州那样，与儿子苏过一起自建房屋。他们在城南的椰林买了一块空地，在左邻右舍的帮助下，搭建了三间简陋的房子，命名为"桄榔庵"。这桄榔庵里空空荡荡，家徒四壁，大风吹过还会发出"咣啷、咣啷"的响声，真是名副其实的"桄榔庵"呀！

苏轼喜欢交友，也善于交友，哪怕是在语言不通的儋州，他也愿意主动与当地百姓攀谈。久而久之，将心比心，越来越多的人成了他的新朋友。

由于儋州四面环海，水质又咸又涩，几乎无法入口。苏轼奔走观察，寻找泉眼，带着人们开凿挖井，获取甘甜的地下淡水。他还热心传播农耕文化，教导当地百姓垦荒种地，自给自足，这样一来，若日后遇到风暴令送粮船延迟，大伙儿就不必担心食物问题了。儋州百姓非常感激苏轼，给他送来很多热带水果和海岛芋头。这就是最真实的苏轼，心中无私，为国为民。

没过多久，苏轼又发现一件怪事：儋州人生病不看医生，全靠巫术。这怎么能行呢？苏轼忍不住叹息道："患病不喝药，杀牛来祷告，巫术当行医，用牛来下药，简直就是开玩笑！"苏轼很心疼这些无知的百姓，一有空就去

蘇文忠公笠屐圖

汀州伊秉綬題

余集《蘇文忠公笠屐圖》

秋室余集敬寫

庐山烟雨

庐山烟雨浙江潮,

未到千般恨不消。

到得还来别无事,

庐山烟雨浙江潮。

第六章 流放天涯

乡野采集草药,根据考证记录制成药粉,发给大伙儿治病用。

住在桄榔庵的岁月,生活确实清苦,但苏轼将它过得有声有色,丰富多彩,让京城那些想折磨他、报复他的恶人们,气得牙根儿痒痒,却偏偏没有任何办法。不管使用什么手段,他们永远压不垮苏轼坚毅的傲骨,永远折不断苏轼翱翔的羽翼。

儋州文化教育非常落后。苏轼和朋友一起开办学堂,教这里的孩子读书识字。消息传开后,很多人不远万里来到儋州,向苏轼登门求教。在苏轼的传授教导下,儋州成为全岛的文化中心。当地百姓对苏轼也越来越爱戴。

空闲时,苏轼会在自己的桄榔庵中整理文稿,为四书五经作批注。儋州三年间,他创作诗词百余首,完成了《易经》《论语》和《尚书》三部经学名著的批注。本以为就这样"老死"儋州了,可谁也没想到,苏轼与儋州的缘分也很快走到了尽头。

元符三年(1100)正月,年轻的皇帝宋哲宗突然病逝,北宋朝堂又一次"大换血",苏轼等元祐老臣获得特赦,终于迎来了北归的曙光。

同年六月,苏轼登船离开,可他已经喜欢上儋州了,

乘风归去的苏轼

心中非常不舍。百姓挑着酒水和干粮，拉着苏轼的手，含泪为他送行。苏轼站在船头，望着乡民远去的背影，不禁涌起深深的感伤，写下一首《六月二十日夜渡海》：

> 参横斗转欲三更，苦雨终风也解晴。
> 云散月明谁点缀，天容海色本澄清。
> 空余鲁叟乘桴意，粗识轩辕奏乐声。
> 九死南荒吾不恨，兹游奇绝冠平生。

参星横，北斗转，已经快到三更时分，雨绵绵，风不停，老天爷也应该放晴了。云忽散，月儿明，用不着谁人来点缀，青天碧海本来就是澄澈明净的。乘船横渡大海，空怀孔子的救世之志，仿佛听到了黄帝咸池优美的乐声。被贬南荒虽然九死一生，但我并不遗憾，因为这次远游是我平生最奇绝的经历。

此次一别，儋州再也不见，桄榔庵后会无期。

已是垂暮之年的苏轼，离开天涯海角，继续奔波在未知的行途中，一生漂泊，至今仍无归处。

第六章 流放天涯

注释

[1]瘴气:并不是指某种气体,而是我国古代南方地区多种疾病的综称,可能包括疟疾、痢疾、出血热、中毒、黄疸等多种疾病,其中影响最大的是恶性疟,几乎是致命性的,死亡率极高。瘴气的形成与南方的自然环境密切相关,随着时代的发展,瘴气已经得到了有效的控制。

[2]罗浮山:岭南名山,位于广东东江北岸,广州市增城区和博罗、河源等县间。绵延百余里,雄伟壮观,植被丰富,素有"百粤群山之祖""蓬莱仙境"之称,自古便被称为"岭南第一山"。历朝历代的诗人,如李白、杜甫、刘禹锡、柳宗元、苏轼、汤显祖等,都曾留下描写罗浮山的名诗文赋。

诗词延伸

浣溪沙·端午

轻汗微微透碧纨,明朝端午浴芳兰。流香涨腻满晴川。

彩线轻缠红玉臂,小符斜挂绿云鬟。佳人相见一千年。

词意

微微小汗湿透了碧色的细绢,明日端午节要用芳兰草好好沐浴。梳洗后的香粉胭脂随水流入河中,铺满了整条河面。

你将五彩花线轻轻缠绕在红玉般的手臂上,小小的符箓斜挂在耳下的黑色发髻上,真的很好看!与朝云一起在惠州过端午节,只盼天长地久,白头偕老。

词说

　　这是一首描写民俗的词作,充满了浓郁的端午节日氛围,生动形象,有种身临其境的真实感。同时,作者也表达了对侍妾朝云的感激之情:不畏岭南瘴气的侵害,朝云义无反顾追随苏轼来到惠州,全心全意照顾他、陪伴他,这份深厚的感情在天长地久的承诺面前,是那样纯洁而宝贵,值得永远珍惜。

西江月·梅

　　玉骨那愁瘴雾,冰姿自有仙风。海仙时遣探芳丛,倒挂绿毛么凤。

　　素面翻嫌粉涴,洗妆不褪唇红。高情已逐晓云空,不与梨花同梦。

词意

　　梅花生长在瘴疠之乡,却不怕瘴气的侵袭,因它有冰雪般的姿态、神仙般的风致。海上之仙人经常会派遣使者来到花丛中探望,就是倒挂着绿羽装点的凤儿。

梅花的素颜姿容反而怕被铅粉弄脏，即使雨雪洗去妆色也不会褪去那朱唇样的红色。高尚情操，已经追随向着晓云的天空，就不会想到与梨花有同一种梦想。

词说

这首词空灵绝美，借花喻人，构思巧妙，格调哀婉，清韵悠长，是苏轼婉约词中的佳作。全词内容表面是在咏梅，其实是苏轼专门为悼念自己的侍妾朝云而作。词中描写的惠州梅花，也是朝云的美丽姿容与高洁品质的化身，苏轼通过赞赏不畏瘴雾的梅花，来怀念朝云对自己的深情。

西江月·中秋和子由

世事一场大梦，人生几度秋凉。夜来风叶已鸣廊，看取眉头鬓上。

酒贱常愁客少，月明多被云妨。中秋谁与共孤光，把盏凄然北望。

词意

世间万事恍如一场虚无缥缈的梦,人生又经历了几度充满凉意的秋天?到了晚上,风吹过树叶发出的声音,不断响彻在回廊里。看看自己,愁思已经爬上眉头,鬓边生出了白发。

酒价低廉,然而常常没有客人陪我喝,令人愁闷。月色澄澈明净,却总是被厚厚的云层遮住。中秋之夜,又有谁能与我共同欣赏这美妙的月光呢?我只能拿起酒杯,神色凄然地望向北方。

词说

这首词通过描写凉秋中的风叶、孤光中的明月等景物,将秋思的苦闷与悲伤淋漓尽致地呈现出来,也抒写了壮志难酬的无奈。全词由秋思及人生触景生情,感慨悲歌,情真意切,令人回味无穷。

第七章　乘风而去
（1100—1101）

他如清风明月，高洁无瑕，走过红尘山水，留下无数眷恋。他的故事，繁华开场，圆满落幕：小舟从此逝，江海寄余生，梦过了无痕，亦当乘风归去。

梦过了无痕，自归去

世间风云变幻，人生就像一场大梦。短短几十载，匆匆而来，匆匆而去，时光苍白了记忆，岁月淡薄了流年，曾经多少荣耀辉煌，终会无痕无迹，随风飘散……

元符三年（1100）七月，苏轼横渡大海，在雷州登岸。他百感交集，说不出心中是什么滋味：当年离开时，压根儿没想过自己会活着回来，现在居然能与亲人、朋友团聚，究竟是该高兴，还是应哭泣呢？

苏轼最惦记弟弟苏辙，第一时间想与弟弟见个面，两人开开心心聊上几天几夜，没想到苏辙比他更早接到朝廷调令，带着全家人迁走了。想想也是，既然能够北归中原，谁还愿意待在这种潮湿闷热的地方呢？

只可惜，错过这次机会，苏轼、苏辙两兄弟此生再也无法见面了。意外的惊喜是，"苏门四学士"之一的秦观正在雷州任职，师徒二人久别重逢，真是一件大喜事呀！

第七章　乘风而去

离开雷州，苏轼起程去往广州。来回折腾了好几个月，心累又身累，苏轼一到广州就病倒了。幸好家人前来与他团聚，儿孙满堂，欢欢喜喜，苏轼的身体一天天好了起来。广州的朋友们争相来看望他、宴请他，苏轼就像一个外出多年、重归故里的老人，一边慢悠悠回忆过往，一边笑眯眯畅谈未来……

渡海前，苏轼被朝廷任命为舒州团练副使，安置在永州。因此，他在广州停留一段时间后，继续向永州而去。途中，他又接到朝廷的新诏令，让他官复正七品朝奉郎，愿意住哪儿就住哪儿，想去什么地方就去什么地方。哎哟！苏轼等待那么多年，这次是完完全全自由了。

宋徽宗[1]建中靖国元年（1101）正月，苏轼重新来到大庾岭脚下，准备回归中原。上次翻越大庾岭，已经是七年前了，那时还有朝云相伴，陪他来到岭南。如今佳人逝去多年，连她的容貌都变得模糊起来，只有大庾岭盛开的梅花，仍是那么冰清玉洁。时间呀，真是个可怕的东西，无论多么美好的曾经，都会被流淌的岁月冲刷殆尽，慢慢远去。

在大庾岭的村店里，苏轼遇到一个白发苍苍的老头儿，向他行礼求诗："真是上天保佑好人，您终于回来了！不知您能不能为我这小店题一首诗呢？"苏轼无限感慨，点头道："当然可以，给您题在哪里？"老头儿笑着指了指旅店的墙壁，苏轼心领神会，欣然留下一首题壁诗《赠岭上老人》：

鹤骨霜髯心已灰，青松合抱手亲栽。
问翁大庾岭头住，曾见南迁几个回？

我现在瘦得像只鹤一样，头发、胡子白如银霜，心也失去了壮志，早已淡泊一切名利。当年在岭上栽下的青松，如今已经粗大得能用两手合抱了。我想问问老人家，您一直在这大庾岭上居住，见过那么多被贬的官员，有几个人能够安然归来呢？

苏轼一直都是这样豁达乐观，尽管多次被贬，越贬越远，他仍庆幸自己能够平安归来。现在，苏轼彻底自由了，没有朝廷监管，也没有恶人报复，可眼前又冒出一个问题：他，到底要选哪里终老呢？

想来想去，苏轼还是决定完成当年的愿望，去江苏常州养老。途中经过金山寺[2]，他见到李公麟为自己所作的画像，不由得感慨万千，写下一首《自题金山画像》：

第七章 乘风而去

心似已灰之木,身如不系之舟。

问汝平生功业,黄州惠州儋州。

我这颗寂静无求的心,就像已经燃成灰烬的槁木,不会再因任何外物而产生波动了。回顾这一生,四处奔波,漂泊不定,如同无法拴牢的小舟。有人问我平生的功业在何方,那就是黄州、惠州和儋州。

昔日那些贬谪之地,反而历练了苏轼的身心,让他将世事看得更通透,性情变得更洒脱,尽管壮志未酬,但也无怨无悔。

苏轼一路奔波劳碌,得了腹泻病,身体越来越差。当他到达常州时,身体已经每况愈下,快到生命的尽头了。宋徽宗建中靖国元年(1101)七月十八日,苏轼将三个儿子叫到床前,交代了自己的后事。他对孩子们说:"放心吧,我这辈子没做过恶事,死后是不会进地狱的。你们不必担心,也不用太悲伤,让我坦然上路就好。"

苏轼一生光明磊落,无愧天地,面对死亡没有丝毫畏惧,坦坦荡荡,从容洒脱,充满浩然正气。

宋徽宗建中靖国元年(1101)七月二十八日,在亲人

乘风归去的
苏轼

和朋友的陪伴下，苏轼在常州病逝，享年六十六岁。

　　他如清风明月，高洁无瑕，走过红尘山水，留下无数眷恋。他的故事，繁华开场，圆满落幕：小舟从此逝，江海寄余生，梦过了无痕，亦当乘风归去。

注释

　　[1]宋徽宗：名赵佶，是宋朝第八位皇帝，在位共二十五年。他是一位充满艺术细胞的皇帝，发展了宫廷绘画，自创了书法"瘦金书"。在宋徽宗统治期间，北宋已经走到了穷途末路。靖康元年，他与儿子宋钦宗一同被金人掳去，史称"靖康之变"。

　　[2]金山寺：是中国佛教名寺，位于今江苏省镇江市西北金山上，民间传说故事《白蛇传》中的金山寺，即指此。金山寺的建筑风格独特，依山就势，大门西开，正对长江。历代文人墨客在此留下了许多诗词佳话。

诗词延伸

别海南黎民表

我本海南民,寄生西蜀州。
忽然跨海去,譬如事远游。
平生生死梦,三者无劣优。
知君不再见,欲去且少留。

诗意

我本海南人,四川是我托生之地。如今突然就要跨海离去,就好像是因事务出门远行。人一生的命运,历经生死梦三个境界,三者无优劣之分。我即将返回大陆,今后很难再相见。既然我即将远行,你也不必过多挽留。

诗说

这首诗是苏轼即将离开儋州时创作的,他与当地百姓结下了深厚的情谊,将那里当成了自己的第二故乡,表达了他对儋州的深深热爱和恋恋不舍。

愿少年读过的诗词，藏于心间，照亮人生。